34kg을 감량한 이경영의

기적의 다이어트 밥상

글 **이경영** | 요리 **최승주**

조선앤북

 글을 열면서

세 끼 맛있게 먹으면서
살도 빼는 비결, 알려드릴게요

16년 전 84kg의 비만 여대생이었던 제가 6개월간 34kg을 감량하면서 가장 힘들었던 점은 음식과의 승부였습니다. 어릴 적부터 비만이었지만 한 번도 다이어트를 결심하지 못했던 핑계 역시 달콤한 빵, 얼큰한 라면, 기름기 좔좔 흐르는 삼겹살 등을 포기하면 세상 사는 재미가 없을 것 같았기 때문이지요. 결국 감당하기 힘든 몸무게로 무릎이 아프기 시작하면서 다이어트를 결심하게 되었답니다. 하루 세 끼를 어떻게 먹어야 하는가는 당시 저에게 지상 최대의 과제였습니다. 한 끼만 굶어도 어지럽고 힘든 상태라 굶는 다이어트는 생각할 수도 없었기 때문에 하루 세 끼 메뉴를 고민하고 만드는 일은 위대한 예술 작업을 하는 것만큼 진지한 작업이었습니다.

그렇게 다이어트를 하면서 새삼 놀란 이유는 세 끼를 다 먹고도 살을 뺄 수 있다는 것과 먹는 즐거움을 포기하지 않아도 된다는 사실이었습니다. 그렇게 다이어트 요리의 세계에 입문하면서 달콤하고 자극적인 음식에 길들여졌던 입맛이 바뀌기 시작했고 밤에 라면을 먹지 않으면 잠이 오지 않았던 끈질긴 야식증후군도 사라졌습니다. 더욱 신기한 것은 다이어트가 끝난 후에도 예전에 찾던 자극적인 음식보다는 담백하고 신선한 다이어트 음식이 여전히 맛있다는 것이었지요. 결국 저만의 다이어트 레시피는 요요 현상 없는 성공 다이어트의 비결이 되었습니다.

"무슨 식품을 어떻게 먹어야 살이 빠질까요?" 다이어트 프로그래머로 많은 비만 고객들과 식사 상담을 하면서 가장 많이 듣는 질문입니다. 외국에서 들어온 다이어트 레시피는 재료 구하기가 힘들 뿐 아니라 주부 9단조차 따라 하기 힘든 조리법이 많아 다이어트 의욕마저 사라지게 만들지요. 특히 다이어트 요리는 일반 요리에 비해 재료의 선택과 양, 첨가하는 양념에 따라 칼로리가 크게 차이 나기 때문에 일반 요리 레시피로 조리하게 되면 칼로리 초과로 낭패를 보게 되는 경우가 많습니다. 또 시중에 나온 다이어트 요리책 대부분이 샐러드 중심으로 소개되어 있어 한국인들에게 맞춤형이라고 보기는 힘들지요.

몇 해 전 방송에서 다이어트 요리 몇 가지를 선보인 적이 있습니다. 진행자와 패널들은 제가 만든 요리를 시식하면서 "아니, 다이어트하면서 이렇게 풍성하게 먹어도 되나요?" "다이어트 음식이 생각보다 맛있네요" 하며 놀라워했습니다. 다이어트 음식은 무조건 양이 적고 맛이 없을 것이라는 고정관념이 있었기 때문일 것입니다.

다이어트 요리 레시피를 여러분들께 알려드리자, 음식이 맛있으면서 살도 많이 빠진다며 좋아하는 분들이 점점 늘어났습니다. 최근에는 교포들뿐만 아니라 외국인들도 한식을 먹고 살이 많이 빠졌다고 좋아했습니다. 그래서 이들에게 한식 다이어트의 우수성과 정확한 다이어트 레시피를 알려주고 싶었기에 이 요리책에 도전하게 되었습니다.

이 요리책에는 50kcal에서 400kcal까지 다양한 다이어트 레시피가 소개되어 있습니다. 또한 건강과 맛은 높이고 칼로리는 낮출 수 있는 팁이 있어 독자 여러분들이 똑똑한 다이어트를 하는 데 도움이 되리라 생각합니다. 아울러 고도비만, 상체비만, 하체비만, 저근육형비만 등 체형별 문제점을 해결하기 위한 상차림 전략과 운동 전략 등이 소개되어 있어 실전 다이어트로 직접 연계할 수 있게 구성했습니다. 이외에도 다이어트에 도움이 되는 식습관과 칼로리표 등이 소개되어 있어 다이어트 요리책 이상의 역할을 해낼 수 있으리라 기대합니다. 무엇보다 모든 레시피가 1인분 칼로리로 계산되어 있어 다이어트 프로그램을 스스로 짜고자 하는 경우에 유용할 것입니다.

저의 일곱 번째 책이자 첫 번째 다이어트 요리책은 많은 분들의 격려와 도움으로 나올 수 있었습니다. 요리 전문가도 아닌 제가 요리책을 시도할 수 있도록 다양한 아이디어와 레시피를 주신 공동 저자 최승주 선생님과 한식 요리의 아름다움을 알게 해준 박희지 선생님께 감사드립니다. 그리고 책 작업 내내 저의 실험적인 요리를 먹어주고 뒷정리까지 도와준 남편 이상화 씨에게 무한한 애정을 보냅니다.

이경영

 Contents

글을 열면서 • 2

Chapter 1 살빼기, 음식과의 승부

다이어트 푸드 완전정복 1 34kg 감량의 일등공신 매직푸드 7가지 • 10
다이어트 푸드 완전정복 2 다이어트에 절대적으로 도움되는 착한 식품 20가지 • 14
다이어트 푸드 완전정복 3 다이어트 중 외면 받아 마땅한 나쁜 음식 8가지 • 22
다이어트 푸드 완전정복 4 맛과 영양은 지키고, 칼로리는 낮추는 조리법과 상차림 원칙 • 25
다이어트 푸드 완전정복 5 다이어트를 위해 반드시 버려야 할 식습관 • 48
다이어트 푸드 완전정복 6 내 몸에 맞는 칼로리 섭취량 알기 • 53
다이어트 푸드 완전정복 7 알기만 해도 살 빠지는 자주 먹는 식품 칼로리표 • 55
다이어트 푸드 완전정복 8 요리는 쉽게, 칼로리는 정확하게! 다이어트 계량법 • 58

Chapter 2 칼로리별 요리 레시피

MENU 1 최대한 슬림하게 50kcal 이하 레시피

- 감자채브로콜리팬구이 • 64
- 청포묵냉국 • 66
- 미역오이샐러드 • 68
- 미나리관자무침 • 70
- 데친버섯과마늘소스 • 72
- 가지두부찜 • 74
- 곤약레몬간장조림 • 76
- 토마토셀러리주스 • 78
- 블루베리요구르트셰이크 • 80
- 자몽올리고당주스 • 82
- 아이스티 • 84

MENU 2 가볍고 부담 없게 50~100kcal 레시피

- 미니파프리카카나페 • 88
- 양송이마늘꼬치구이 • 90
- 도토리묵무침 • 92
- 두부김치구이 • 94
- 조갯살청국장찌개 • 96
- 문어오이초회 • 98
- 청포묵참치살소보로 • 100
- 실곤약부추간장비빔 • 102
- 감자양파닭고기샐러드 • 104
- 오징어미역무침 • 106
- 무해파리샐러드 • 108
- 연두부조개탕 • 110
- 새우깨소스샐러드 • 112

MENU 3 부담 없지만 풍성한 100~200kcal 레시피

- 훈제연어무쌈 • 116
- 대구살팬구이 • 118
- 어묵무탕 • 120
- 고구마요구르트범벅 • 122
- 대구무맑은탕 • 124
- 모둠채소잡채 • 126
- 표고버섯들깨볶음 • 128
- 녹차다시마달걀찜 • 130
- 해물찌개 • 132
- 떡국떡간장떡볶이 • 134

MENU 4 속은 든든하게 몸은 가볍게 200~300kcal 레시피

- 미역잡곡밥 • 138
- 부추쌀국수 • 140
- 비빔메밀국수 • 142
- 고구마호두아몬드팬구이 • 144
- 삶은달걀치즈구이 • 146
- 양배추새우샐러드 • 148
- 돼지고기미역쌈 • 150
- 연어레몬구이 • 152
- 마파두부 • 154
- 날치알돌솥밥 • 156
- 스위트된장소스돼지고기수육 • 158
- 오징어양배추덮밥 • 160
- 삼치탕수 • 162

MENU 5 다이어트 중에 허한 속을 달래는 300~400kcal 레시피

- 닭가슴살현미양배추롤 • 166
- 콩스테이크 • 168
- 양념참치채소비빔밥 • 170
- 쇠고기샤브샤브 • 172
- 호두멸치주먹밥 • 174
- 참치다다키 • 176
- 봉골레쌀국수스파게티 • 178

MENU 6 기본 중에 기본 밥과 반찬 레시피

- 부추된장무침 • 182
- 호박나물 • 183
- 멸치된장볶음 • 184
- 청국장우거지무침 • 185
- 오이실채나물 • 186
- 콩나물무침 • 187
- 연근구이 • 188
- 우엉채볶음 • 189
- 미역연두부무침 • 190
- 데친양배추무침 • 191
- 현미잡곡밥 • 192
- 현미콩밥 • 193
- 현미무밥 • 194
- 현미팥밥 • 195
- 발아현미밥 • 196
- 무채국 • 197
- 얼갈이배추된장국 • 198
- 두부팟국 • 199
- 달걀국 • 200
- 시금치바지락국 • 201
- 홍합미역국 • 202
- 청국장찌개 • 203
- 북어콩나물국 • 204
- 호박된장찌개 • 205

MENU 7 가벼워서 더 좋은 다이어트 도시락 싸기

현미취나물쌈밥 도시락 • 208
닭고기카레볶음밥 • 210
미역고추장회와 표고버섯구이 • 212
연어찌라시초밥 • 214
오징어구이 도시락 • 216
양상추낫토쌈과 호박죽 • 218
피망두부채움구이 도시락 • 220
청국장두부무침 도시락 • 222
채소김밥과 새우마늘꼬치구이 • 224
쇠고기콩카레 도시락 • 226
연어샌드위치와 두유 • 228
버섯오픈샌드위치와 카프레제 • 230
호밀빵과 브로콜리샐러드 • 232
찐고구마 도시락 • 234
단호박매시 도시락 • 236
닭고기겨자무침과 삶은 감자 • 238
곤약말이와 메추리알꼬치 • 240
시나몬사과구이와 토마토수프 • 242
참치두부스테이크 • 244
양배추양파팬케이크 도시락 • 246

Chapter 3 살 빠지는 상차림 전략 & 일주일 식단

살 빠지는 상차림 전략 1 고도비만을 위한 초저열량 상차림 • 250
살 빠지는 상차림 전략 2 비만 단계를 위한 요요현상 없는 상차림 • 252
살 빠지는 상차림 전략 3 과체중 단계를 위한 날씬한 상차림 • 254
살 빠지는 상차림 전략 4 상체비만형을 위한 상체 군살 빼는 상차림 • 256
살 빠지는 상차림 전략 5 하체비만형을 위한 부종 막는 상차림 • 258
살 빠지는 상차림 전략 6 저근육형비만을 위한 체지방 줄이는 상차림 • 260

찾아보기 • 262

Chapter 1

살빼기, 음식과의 승부

"뭘 먹으면 박사님처럼 34킬로그램을 뺄 수 있나요?"
그동안 수없이 들어온 질문입니다.
실제로 '다이어트는 음식과의 승부'라고 할 수 있습니다.
이 전쟁에서도 역시 '적을 알고 나를 알면 백전불패'라는
격언은 적중하지요. 몸무게를 거꾸로 만들어주는 식품을 알고,
살찌지 않는 조리법을 알고, 내가 먹어야 할 적당량을 알면
누구나 승자가 될 수 있지요.
그럼, 이제부터 '살빼기, 음식과의 승부'를 위한
기초 지식을 하나하나 정복해볼까요.

다이어트 푸드 완전정복 1

34kg 감량의 일등공신
매직푸드 7가지

다이어트 중에 가장 즐겨 먹었고, 지금도 즐겨 먹는 명실공히 34kg 감량 신화를 만든 일등공신들이랍니다. 먹기만 해도 살이 빠지는 기적의 식품들을 소개할게요.

magic food 1 토마토

200g(큰 것 1개) = 28kcal

비타민 C의 제왕으로 다른 과일류에 비해 칼로리가 적은 편인데다 붉은 색소에 들어 있는 리코펜은 노화 예방에 도움이 된다. 리코펜 흡수율을 높이려면 올리브드레싱을 뿌려 먹거나 기름에 살짝 굽는 것이 좋다. **같은 양이라도 방울토마토가 식이섬유가 더 많아 다이어트에 효과적**이다. 육류 등 지방이 많은 음식을 먹을 때 소화를 촉진시키고 칼륨이 많아 부종 예방에 좋다. 혈압을 떨어뜨리는 루틴 성분이 들어 있어 짜게 먹은 후에 디저트로 좋다.

magic food 2 양배추

70g = 21kcal

수분을 제외한 대부분이 식이섬유소로 열량이 거의 없고 장운동을 촉진한다. 위를 보호하는 성분이 있어서 **다이어트 중 식사량을 줄이거나 신경이 예민해질 때 나타나기 쉬운 위장질환을 예방**해준다. 겉잎의 녹색 부분에는 비타민 A가, 흰색 부분에는 비타민 C가 많으므로 겉잎을 떼지 않고 요리한다. 양배추의 칼슘은 우유의 칼슘만큼 흡수율이 좋기 때문에 다이어트식으로 사랑받기에 충분하다.

magic food 3 두부

육류에 뒤지지 않을 만큼 우수한 단백질과 칼슘이 들어 있는 건강식품이다. 특히 두부는 다이어트를 하는 여성들에게 큰 도움이 된다. 여성호르몬인 에스트로겐과 비슷한 기능을 하는 생리활성 물질인 이소플라본이 잔뜩 들어 있어 생리불순 여성들의 생리작용을 돕고 **다이어트 중에 골다공증을 예방한다.** 삶은 콩은 소화율이 65% 정도지만 두부의 경우 소화율이 95%나 되기 때문에 **다이어트 중 소화기능이 떨어질 때 자주 애용**한다. 칼로리는 연두부가 가장 적고, 칼슘 함량은 일반 두부가 가장 높다는 점을 참고해 선택하면 된다. 콩을 두부로 만들 때 두부 제조 과정에서 비타민 B가 손실되기 때문에 채소와 같이 먹는 것이 좋다. 시금치나 녹차 등 칼슘 흡수를 떨어뜨리는 식품과는 같이 먹지 않도록 한다.

80g = 63kcal

magic food 4 현미

식이섬유를 포함한 비타민과 무기질이 다량 함유되어 있다. 수용성 비타민인 **티아민은 탄수화물 연소를 도와 복부비만을 막아주며 백미에는 없는 식이섬유는 과식을 방지해주어 늘어난 위를 줄이는 데 도움**이 된다. 현미밥은 현미 껍질에 있는 피틴산이 소화가 잘 안 되어서 철분 흡수를 방해할 수 있는데 이럴 때는 싹이 난 현미인 발아현미로 밥을 지어 먹으면 좋다. 발아현미는 다이어트 중 스트레스로 증가할 수 있는 활성산소의 독성을 줄여주는 SOD라는 효소가 많이 있어 정화작용에도 좋다. 또한 콜레스테롤을 줄여주는 베타시토스테롤도 있다. 현미의 씨눈과 쌀겨 층에 있는 티아민, 리보플라빈, 단백질, 무기질, 식이섬유가 발아하면서 더욱 성분이 강화된다. 발아현미의 영양 상태는 싹의 길이에 따라 달라지는데 싹이 2~3mm 정도로 현미 길이의 반 정도가 되었을 때가 가장 이상적이다.

90g (1인분) = 318kcal

magic food 5 녹차

녹차에 들어 있는 카테킨은 지방연소를 촉진하므로 운동 중 물 대신 자주 마시면 좋다. 이 성분은 콜레스테롤 배설을 촉진시키는 역할도 한다. 다이어트 중에는 기호식품인 커피 대신 녹차로 바꾸는 것을 권하는데 녹차의 카페인은 커피와 달리 체내에 흡수되는 양이 많지 않고 머무는 시간도 적어 수면을 방해하지 않는다. 또 커피를 먹을 때 습관적으로 곁들이는 과자, 빵, 케이크 등은 녹차와 궁합이 맞지 않아 녹차를 마실 때 이런 음식을 먹고 싶은 생각이 없어지는 것만도 다이어트에 큰 도움이 된다. 이밖에 커피에 없는 비타민 C가 풍부하여 피부미용과 피로 해소에도 좋다. 참고로 녹차의 카테킨과 비타민 C는 알코올 분해효소를 자극하는 역할을 하기 때문에 술을 마실 때 녹차를 함께 마시면 숙취 예방 효과도 있다.

녹차의 카테킨 성분을 효율적으로 먹으려면 티백보다 찻잎이나 가루를 사용하는 것이 좋고, 잎을 여러 번 우려낸 것보다 처음 1~2회 우려낸 것이 좋다. 물의 온도는 너무 뜨겁지 않게 섭씨 60~80도로 유지하고 한 번 넣는 양이 1인분에 1~2g이면 적당하다. 녹차를 진하게 마시면 좋다고 생각해서 한 번에 많은 양을 넣어 떫게 마시면 탄닌이 늘어나 변비의 위험이 있으므로 주의한다.

200ml
(물 1컵+녹찻잎 1~2g)
= 1kcal

magic food 6 다시마

바다의 채소로 칼로리가 적으면서 식이섬유, 칼륨, 칼슘, 요오드 등이 풍부한 다이어트 식품이다. 다시마의 끈적이는 점성 성분인 알긴산은 지방 흡수율을 줄이고 장 청소에 큰 효과가 있다. 폭식으로 위가 많이 늘어난 상태라면 밥 먹기 전에 포만감을 주기 위해 한두 장씩 미리 먹는 것이 좋다. 다이어트 중 생길 수 있는 빈혈 예방에도 좋다. 다시마를 우릴 때는 뜨거운 물보다 찬물에 우려야 알긴산을 더 풍부하게 섭취할 수 있다. 반찬으로 먹을 때는 식초와 버무려 먹으면 탄수화물 연소율을 높일 수 있다. 대표적인 알칼리성 식품이기 때문에 육류에 곁들여 쌈으로 먹거나 육류를 데칠 때 사용해도 좋다. 조리 전 30분 정도 찬물에 담가 소금기를 빼는 것도 다이어트식 조리의 필수과정이다.

70g(20장) = 13kcal

magic food 7 참치

바다 위를 헤엄치며 활동을 많이 해서 근육이 탄탄한 등푸른생선은 바다 밑에 사는 흰살생선에 비해 양질의 아미노산이 풍부하다. 비린내가 많고 손질하기 어려워 식탁 차리기를 꺼리는 경우가 많은데 통조림 참치는 손질이 필요 없고 비린내도 없어 다이어트 중 상비식품으로 적당하다. 등푸른생선 하면 떠오르는 DHA와 EPA 역시 참치에 가장 많이 들어 있다. DHA는 뇌신경의 원료로 치매를 예방하고, 시력 약화를 방지한다. EPA는 나쁜 콜레스테롤의 합성을 억제하면서 혈액 속의 중성지방 수치를 줄여준다. 참치는 단백질 함량이 높은 편이라 콜레스테롤 걱정 없이 단백질 섭취를 할 수 있는 건강식으로 인정받는다.

등푸른생선은 빨리 산화되기 때문에 두고두고 먹는 것은 좋지 않으며, 신선한 것을 구입해서 바로 먹거나 통조림의 경우 종이타월로 기름기를 빼고 즉시 먹는다. 참치생선구이를 할 때는 기름을 바르지 않고 센 불에 빨리 굽거나 알루미늄포일에 감싸서 그릴에 구워야 DHA 손실을 막을 수 있다.

참치통조림
70g = 163kcal

다이어트 푸드 완전정복 2

다이어트에 절대적으로 도움되는
착한 식품 20가지

매직푸드와 함께 다이어트 중에 냉장고에 꼭 챙겨 넣어야 할 착한 식품 20개를 선정해봤어요. 쉽게 구할 수 있고 가격 면에서도 합리적인 식품들이랍니다.

best food 1 고구마

최고의 다이어트 식품 중의 하나인 고구마는 녹말이 풍부하여 식사 대용으로 먹기 좋다. 식이섬유가 많아 변비 예방에 효과적이며 비타민 A를 만들고 항암 효과가 있는 베타카로틴, 엽산, 칼슘, 칼륨 등이 들어 있다. 조리할 때 비타민 C가 덜 파괴되고, 단맛이 풍부해 생리 전 단 음식이 생각날 때 먹기에 괜찮다. 쪄서 먹는 것이 식이섬유와 칼로리 면에서 바람직하다. 고구마를 찔 때 끈적끈적하게 나오는 액체인 수지배당체는 배변을 촉진하고 장내 유해물질을 제거하는 데 탁월한 효과가 있기 때문에 가급적이면 껍질째 먹어야 한다. 바쁠 때는 찐고구마와 우유로 한 끼 식사를 대신할 수 있다. 하지만 칼로리가 높기 때문에 한 번에 두 개 이상 먹지 않도록 한다.

찐고구마
140g = 175kcal

100g (작은 것 1개)
= 38kcal

best food 2 귤

콜라겐 합성을 돕는 비타민 C가 많아 다이어트 중에 상하기 쉬운 피부탄력에 좋다. 또 껍질 안쪽에 있는 흰 섬유질인 비타민 P가 모세혈관을 튼튼하게 만든다. 귤에 있는 베타크립토키산틴은 강한 항산화 능력을 가지고 있어 노화 방지에 도움이 된다. 가급적이면 흰 섬유질을 제거하지 않고 먹도록 하고 주스를 만들 때는 설탕을 넣지 않는 것이 좋다. 하루 한 번 저지방요구르트에 귤 한 개를 넣어 간식으로 먹어도 좋다. 칼로리를 고려해서 하루에 한두 개 정도만 먹는 것이 적당하다.

best food 3 닭가슴살

닭가슴살은 탄수화물이 0g이며 필수아미노산이 풍부한 완벽한 고단백 저지방 식품으로 근육운동을 할 때 사랑받는 식품이다. 다이어트에 우수한 식품이지만 식이섬유가 없기 때문에 채소를 곁들여 먹는 것이 좋다. 닭고기를 삶을 때 고추, 마늘, 양파, 파를 넣고 함께 삶으면 유효성분이 닭고기에 스며들어 향과 맛이 좋아질 뿐 아니라 소금 간을 적게 할 수 있어 좋다.

닭가슴살 구운 것
45g = 74kcal

best food 4 달걀

50g (1개) = 75kcal

가장 저렴하게 양질의 단백질을 섭취할 수 있는 우수한 식품으로 완전식품에 가깝다고 할 수 있다. 콜레스테롤이 많이 포함되어 있지만 체내의 합성을 촉진하는 지방산은 많지 않다. 다이어트 중에 달걀노른자는 빼놓고 먹는 경우가 많은데, 달걀노른자에 들어 있는 콜린이라는 성분이 콜레스테롤 섭취를 줄여주기 때문에 하루에 한두 개 정도는 문제없다. 콜린은 레시틴의 섭취를 증가시켜 동맥경화를 예방하고 뇌신경세포를 활성화시키는 작용을 한다. 콩에 있는 레시틴보다 영양적으로 더 우수한 편으로 알츠하이머 예방에도 도움이 된다.

달걀은 완전식품이기는 하지만 비타민 C와 철분이 부족하기 때문에 피망과 깻잎을 같이 넣어서 조리하면 좋다. 또 가급적이면 기름 없이 조리하는 것이 좋다. 달걀의 콜레스테롤을 감소시키려면 조리 시 마른오징어 껍질에 있는 타우린 성분인 흰색 가루를 참가한다. 이때는 소금을 조금 줄여 넣는 것이 요령이다.

best food 5 마늘

21g(4쪽) = 25kcal
(작은 것은 5개 정도 양)

미국국립암연구소에서 발표한 항암식품 1위가 마늘이다. 강력한 항산화작용으로 동맥경화를 예방하고 혈전을 방지한다. 마늘 특유의 향이 나는 알리신이라는 성분은 간에서 콜레스테롤 합성을 억제하는 역할을 한다. 콜레스테롤이 많은 육류를 먹을 때 마늘을 같이 먹는 것도 이 때문이다. 또한 마늘은 아드레날린 분비를 촉진시켜 지방 연소 효율을 높이는 데 도움이 된다. 마늘에 있는 게르마늄 성분은 티아민(비타민 B_1)을 흡수하는데, 티아민은 과도하게 섭취된 탄수화물이 중성지방으로 전환되는 것을 막는 역할을 한다. 또한 잦은 다이어트로 체력이 떨어지거나 피로감이 높아질 때 마늘이 강장식품 역할을 한다.

마늘은 생으로 많이 먹으면 설사를 일으킬 수 있어 한꺼번에 많이 먹지 않도록 한다. 마늘을 자르거나 갈아서 바로 열을 가하면 항암 효과가 떨어지기 때문에 적어도 10분 정도 지나서 요리를 하는 것이 좋다.

70g = 12kcal

best food 6 무

카로틴과 비타민 C가 들어 있고 칼슘도 있어 칼로리에 비해 영양가가 높은 식품이다. 속보다 무 껍질에 비타민 C가 더 많이 들어 있으므로 껍질도 같이 조리하도록 한다. 무는 탄수화물과 단백질의 소화를 돕기 때문에 다이어트 중 예민해질 때 도움이 많이 된다. 무청에는 식이섬유가 많아 함께 먹는 게 좋다.

70g = 12kcal

best food 7 미역

갑상선호르몬의 주성분인 요오드가 많이 들어 있어 신진대사 기능을 증가시키고 칼로리가 아주 적어 다이어트 중에 사랑받는 식품이다. 칼슘 함량이 많은 강알칼리성 식품으로 커피, 빵, 육류 등의 산성음식 때문에 비만이 된 경우 체질 개선에 효과적이며 육류요리에 샐러드로 곁들여도 좋다. 염분이 많이 들어 있으므로 찬물에 30분 이상 불려서 사용한다.

best food 8 브로콜리

비타민 A와 C의 함량이 높다. 특히 비타민 C는 양배추의 4배로 양에 비해 칼로리가 적어서 서양 다이어트 요리에 많이 소개된다. DNA 합성에 필요한 엽산이 많이 들어 있어 성장기나 수유기 등의 다이어트에 도움이 된다. 약한 소금물에 단시간 데쳐내야 영양 손실을 줄일 수 있다.

70g = 20kcal

best food 9 버섯

칼로리에 비해 비타민과 무기질이 많고 필수아미노산 성분이 많이 들어 있어 다이어트식으로 인기가 높다. 글루타민이 풍부하여 특유의 씹히는 맛이 있어 버섯불고기 요리에 육류 대신 많이 애용한다. 양송이버섯은 날로 먹을 수 있어 샐러드

양송이버섯
50g = 8kcal

재료로 많이 쓰이며 육류와도 궁합이 가장 잘 맞아 육류 요리를 할 때 같이 조리하면 육류의 유해물질을 제거해준다. 표고버섯은 말리면 영양효율이 높아진다. 버섯의 향은 열에 약하므로 구울 때는 살짝만 익히고, 찌개나 국에는 먹기 직전에 넣는 것이 좋다. 버섯의 향과 비타민 성분을 보호하기 위해 빨리 씻거나 깨끗한 행주로 가볍게 닦는다.

best food 10 양파

양파의 매운맛을 내는 유화프로필이 혈당을 떨어뜨리고 중성지방 합성을 줄여준다. 백미나 감자 등 혈당지수가 높은 음식을 먹을 때 생양파를 같이 먹으면 더 효과적이다. 생양파의 매운맛을 없애기 위해 물에 오래 담그면 유화프로필이 손실되므로 껍질을 깐 후 바로 씻어서 세포가 파괴되지 않도록 세로로 큼직하게 썬다. 가급적 다져서 조리하는 것도 피한다. 양파를 구우면 콜레스테롤 흡수를 줄여주는 트리설피드 성분이 나오므로 고기를 구울 때 꼭 곁들이도록 하고, 양파에서 나오는 즙도 같이 먹어서 유익한 성분들을 섭취하는 것이 바람직하다.

70g = 24kcal

best food 11 연어

육류만큼 동물성단백질이 풍부하면서도 심장과 혈관 건강에 좋은 오메가3 지방산이 풍부해 맛과 건강 면에서 모두 우수한 식품이다. 연어에 들어 있는 DHA와 EPA가 혈액 중 콜레스테롤 수치를 감소시켜준다. 이외에도 수용성비타민인 니아신이 풍부해서 탄수화물, 단백질, 지방 대사를 증가시켜 운동의 지방 연소 효과를 활성화한다. 비린내가 없어 먹기 편하고, 특유의 붉은색은 연어 근육에 있는 아스타산틴이라는 색소로 조리해도 변하지 않는 항산화 기능이 있어 노화 방지에도 도움이 된다. 연어는 너무 익히면 즙이 빠져 퍽퍽하므로 주의한다. 가급적이면 통조림이나 훈제보다 신선한 상태의 연어를 선택하는 것이 좋은데 만약 훈제를 선택했다면 가공 처리 과정에서 나트륨이 많이 첨가되었기 때문에 칼륨이 많은 채소나 해초류를 같이 먹는 것이 좋다.

70g = 112kcal

140g (1개)
= 12kcal

best food 12 오이

칼로리가 적고 당분이 거의 없어 인기가 많은 다이어트 채소이다. 칼륨이 많은 대표적인 알칼리성 식품으로 염분을 몸 밖으로 내보내 부기를 줄여준다. 오이의 껍질 부분에서 나는 쓴 맛은 소화기능을 돕는데 열에 강해 익혀 먹어도 파괴되지 않는다. 오이는 이뇨작용을 촉진해서 산후부종이나 신장기능이 떨어질 때 많이 먹으면 좋은데, 열에 익히면 그 효과가 증가된다.

best food 13 오징어

조개보다 단백질이 많고 지방 함량이 1% 미만인 저지방식품으로 인체의 중금속을 중화시키는 셀레늄이 많이 들어 있다. 아미노산의 종류인 타우린은 콜레스테롤을 배출시키는 데 큰 도움을 준다. 오징어에는 육류에 비해 30배 이상의 타우린이 들어 있다. 특히 마른오징어의 표피에 하얀 가루인 타우린이 가장 많아 이 가루를 털어서 육류 요리에 쓰기도 한다. 생오징어는 소금을 묻혀 껍질을 벗겨내서 콜레스테롤을 줄인 후 요리하도록 한다.

70g (½마리)
= 39kcal

best food 14 우유, 요구르트

다이어트 중에 간혹 찾아오는 반갑지 않은 손님인 골다공증의 위험을 줄이기 위해 칼슘 흡수율이 높은 우유를 선택하는 것이 좋다. 일반 우유에 비해 저지방우유가 칼슘 함량이 높다. 그러나 저지방우유라고 해서 지방을 완전히 없앤 것은 아니라 14% 정도의 지방이 들어 있으므로 너무 많이 먹는 것은 주의한다. 유당을 분해하는 효소가 부족하여 우유를 먹은 후 가스가 차고 복통 설사를 일으키는 유당불내증이 있는 경우에는 우유 대신 요구르트를 먹는 것이 좋다. 액상요구르트는 칼로리가 적다. 떠먹는 호상요구르트는 칼로리가 높지만 칼슘 함량은 높으므로 적절히 선택하도록 한다. 조리 시 우유는 수프 요리, 요구르트는 샐러드드레싱 재료로 알맞다.

저지방 우유 200ml (1컵)
= 102kcal

액상 요구르트
150ml (⅗컵)
= 97kcal

best food 15 된장

콩은 소화 흡수율이 65%인 데 비해 된장은 85%의 흡수율을 가져 콩의 유효성분의 흡수를 높인다. 여러 발효식품 중에 항암 효과가 가장 높은데 발효숙성 과정에서 항산화 능력이 증가하기 때문이다. 한방에서는 버섯이나 육류, 채소의 독을 중화시키는 데 사용한다. 다이어트 중에는 가급적이면 저염된장을 써서 나트륨 함량을 줄이고 찌개보다는 국으로 조리하는 것이 좋다. 또 부추가 된장의 짠맛을 줄일 수 있어 부추된장국이나 부추된장무침을 만들면 좋다. 최근에는 샐러드드레싱에 된장을 응용하기도 한다.

24g (1큰술) = 39kcal

best food 16 청국장

24g (1큰술) = 42kcal

콩을 낫토균(바실러스 균주)으로 발효시킨 것으로 청국장 속에 있는 끈적끈적한 실 같은 성분에 낫토키나제라는 효소가 있어 혈액을 깨끗하게 하고 혈전을 예방한다. 뇌경색이나 심근경색의 원인이 되는 혈전은 밤에 많이 생기기 때문에 저녁식사 때 청국장을 먹는 것이 더 효과적이다. 콩이 발효되면서 리보플라빈이 증가하여 지질을 녹이는 효과가 높기 때문에 육류를 먹을 때 같이 먹는 것도 좋다. 요구르트와도 비교할 수 없을 정도로 장에 유익한 균이 많아 다이어트 중 생길 수 있는 변비 예방에 큰 도움이 된다. 최근에 나온 청국장가루는 우유에 섞어 먹어도 좋다.

best food 17 호박

애호박 50g = 12kcal

비타민과 무기질이 많이 함유되어 있다. 특히 칼륨이 풍부해 부종에 효과적이어서 산후비만에 좋다. 또한 항산화 영양소인 비타민 A와 C가 풍부하다. 늙은 호박의 노란색은 베타카로틴 색소로 암 예방에 효과적이고, 높아진 혈당을 낮추는 역할을 하며, 복부지방 합성률을 줄여준다. 호박은 익을수록 당분이 늘어나 칼로리가 높아지지만 영양적 효율성도 함께 높아진다. 호박씨는 비타민과 무기질이 풍부할 뿐 아니라, 뇌 건강에 필요한 레시틴도 많아 치매 예방에 좋다. 국이나 무침

에 많이 사용하는 애호박은 당이 적으면서도 무기질과 비타민이 많아 다이어트 반찬이라 할 수 있다. 늙은 호박의 경우 당질이 많아 식사 대용으로 좋으므로 일주일에 한 번 정도 죽이나 찜 등의 별미로 즐기는 것도 괜찮다.

호박씨 13g
= 71kcal

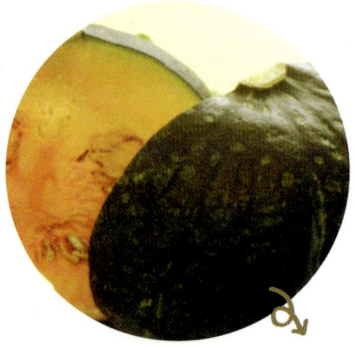

단호박 50g
= 130kcal

best food 18 콩

콩은 식물성 식품에 부족한 리신, 류신 등 필수아미노산이 많이 들어 있어 양질의 단백질을 섭취할 수 있는 재료이다. 칼슘이 많아 다이어트 중에 생길 수 있는 골다공증이 예방되며 여성호르몬인 에스트로겐과 비슷한 작용을 하는 이소플라본 성분이 있어 월경불순을 예방하고 나쁜 콜레스테롤 수치를 줄여준다.

가장 흔히 먹는 콩인 대두에 있는 레시틴은 혈관 벽을 깨끗이 청소해준다. 익혀 먹어야 소화율이 높아지므로 삶아 갈아서 두유를 만들거나 콩스테이크를 만든다. 콩 삶을 때 나오는 물에도 지방을 녹여주는 사포닌 성분이 있으므로 버리지 말고 함께 마시도록 한다. 검은콩은 해독작용과 부기 제거에 효과적인 식품이므로 식초에 담가서 초콩으로 먹으면 다이어트에 좋고, 가루로 만들어 콩가루드레싱 등에 이용해도 된다.

20g = 75kcal

best food 19 피망

피망 특유의 냄새를 만드는 파라진은 혈액을 깨끗하게 하고 혈전을 예방하며 피망의 매운맛을 내는 캡사이신은 지방을 분해하는 역할을 한다. 비타민 A, C, E가 많아 항산화 기능이 풍부한데 붉은 피망이 푸른 피망에 비해 이러한 항산화 영양소가 더 많다. 생으로 먹어도 좋지만 지용성비타민이 많기 때문에 올리브유와 같은 식물성기름을 조금 섞어서 먹는 것이 좋다. 피망 씨에 캡사이신이 많이 들어 있기 때문에 피망씨를 빼지 말고 같이 먹는 습관을 들이는 것이 지방을 태우는 데 도움이 된다.

70g(1개) = 11kcal

best food 20 **호두**

불포화지방산인 올레산이 많아 나쁜 콜레스테롤을 낮추고 포만감을 주어 식사시간이 예정보다 늦어져서 공복감을 느낄 때 비상식품으로 자주 활용하면 좋다. 호두 속껍질에 있는 연한 갈색에서 나는 떫은맛에 레스베라트롤이라는 강력한 항산화 물질이 들어 있는데 심장병 예방에 큰 도움이 된다. 가급적이면 호두의 속껍질을 갈아서 같이 조리에 쓰도록 한다. 호두는 콜레스테롤을 낮추는 역할을 해서 육류나 가금류를 먹을 때 같이 먹어도 좋다.

13g(4개) = 84kcal

다이어트 푸드 완전정복 3

다이어트 중 외면 받아 마땅한
나쁜 음식 8가지

지금까지 소개한 매직푸드나 착한 식품들과는 거리가 먼, 다이어트 중 외면 받아 마땅한 메뉴들이에요. 이런 음식들의 맛에 길들여지면 그간의 다이어트는 모두 공염불이죠.

bad food 1 크림치즈 바른 베이글

뉴요커들의 사랑을 받지만 다이어터들에게 가장 경계의 대상이 되는 것이 크림치즈를 잔뜩 바른 베이글이다. 치즈를 아주 얇게 발라도 300kcal가 넘는 것도 문제지만 밀가루중독증에 가장 쉽게 빠져들게 하는 음식이기도 하다. 크림치즈 바른 베이글을 즐긴다면 허벅지에 흉하게 자리 잡고 있는 셀룰라이트 관리는 포기해야 한다.

bad food 2 크루아상

우아한 크루아상을 식사 대신 먹을수록 몸매는 우아한 것과 멀어진다. 중간 크기 크루아상 한 개가 100kcal 정도이니 3개만 먹어도 300kcal가 훌쩍 넘는다. 설상가상으로 바싹한 빵일수록 지방이 더 많이 들어가니 크루아상의 40%는 지방이라는 사실을 잊지 말자.

bad food 3 햄버거와 콜라

저렴한 편의점 햄버거에서 고급 수제햄버거까지 다양한 햄버거들이 밥 대신 선택해달라고 유혹한다. 채소가 몇 개 들어 있고 호밀빵으로 겉을 둔갑시켜도 햄버거는 다이어트의 영원한 적이라는 사실은 변함없

다. 패티가 두툼한 햄버거에 콜라까지 먹는다면 600kcal와 함께 포화지방산과 콜레스테롤은 덤으로 선물 받게 된다.

bad food 4 길거리표 토스트

출근길에 지하철역에서 달콤한 냄새를 풍기며 우리를 유혹하는 길거리표 토스트는 이제 체인점화될 정도로 밥의 자리를 위협한다. 채소샌드위치, 치즈샌드위치, 햄샌드위치라는 다양한 이름을 달고 있지만 마가린과 케첩 범벅인 길거리 토스트는 400kacl가 넘는 고열량 덩어리이다. 달콤한 특유의 맛을 지닌 길거리표 토스트에 길들여지면 출근시간을 아껴서 걷기 다이어트를 해도 소용없다.

bad food 5 편의점 어묵

편의점이나 휴게소에서 많은 사랑을 받고 있는 어묵은 한 개에 70kcal 정도지만 비타민이 많이 부족해서 건강식품이라고 우길 순 없다. 붓기 쉬운 아침에 나트륨이 많은 어묵과 어묵국물을 같이 먹는다면 밤이 되어도 부기는 가라앉지 않을 것이다.

bad food 6 라면, 우동

아침에 면을 먹는 싱글족들이 상당히 많다. 특히 술을 먹고 해장라면이나 해장우동을 먹는다면 알코올 섭취로 인한 탈수현상이 악화되므로 주의해야 한다. 달걀을 첨가한 라면은 한 그릇에 525kcal로 칼로리 대왕이기도 하지만 포화지방산과 콜레스테롤이 많고 나트륨이 잔뜩 들어 있어 부종의 여왕이기도 하다. 흔히 우동은 그래도 괜찮을 거라고 착각하지만 이 역시 한 그릇에 461kcal로 별반 차이가 없다.

bad food 7 군만두, 찐만두

기름에 구운 군만두와 달리 찐만두는 칼로리가 적을 것이라고 생각하지만 고기만두는 8개에 424kcal, 김치만두는 8개에 401kcal이다. 군만두는 물론 찐만두도 지방의 비율이 30%를 넘기 때문에 주의해야 한다.

bad food 8 길거리표 떡볶이

단기간 체중 증가에 가장 효과가 높다는 떡에다가 고열량의 달콤한 양념을 넣어 만든 길거리표 떡볶이 역시 다이어트의 적이다. 8개만 먹어도 떡 240kcal, 양념 150kcal를 합쳐 400kcal를 섭취하는 셈이다. 더 큰 문제는 떡볶이를 먹을 때 자신도 모르는 사이에 8개 이상을 먹고 만다는 사실이다. 떡볶이는 단백질이 10%도 안 되고 탄수화물이 70%가 넘는 전형적인 고탄수화물 식품으로 탄수화물중독증의 원인이 될 수 있어 다이어트 중 주의해야 한다.

다이어트 푸드 완전정복 4

맛과 영양은 지키고, 칼로리는 낮추는
조리법과 상차림 원칙

다이어트 기간에는 아무래도 먹는 양이 줄기 때문에 영양 부족으로 인한 부작용이 올 수 있어요. 식품이 지닌 영양은 고스란히 섭취하면서 칼로리는 줄일 수 있는 효과적인 조리법과 섭취법을 익혀두세요.

food 1 밥

Rule 1 쌀은 가볍게만 씻기
백미든 현미든 박박 문질러 씻으면 몸에 좋은 수용성비타민이 더 많이 손실되므로 조리 전 가볍게 1~2회 정도만 씻어야 한다.

Rule 2 현미밥 즐겨 먹기
백미로 지은 밥은 비타민과 무기질 함량이 적고 혈당지수가 높아 중성지방 합성률을 높인다. 또 산성체질을 악화시켜 면역력을 떨어뜨릴 수 있으므로 다이어트 중에는 자제한다. 다이어트 중에는 현미밥을 권장하는데, 현미는 쌀눈과 껍질에 단백질, 비타민이 풍부하고 식이섬유가 많아 포만감을 준다. 쌀밥 1공기를 먹는 것과 현미밥 ⅔공기를 먹는 것의 포만감이 비슷하다. 갑자기 현미멥쌀로 밥을 지어 먹으면 먹기 불편하기 때문에 처음에는 현미찹쌀과 반반 섞어서 먹다가 점점 현미멥쌀 비율을 늘리도록 한다. 현미쌀겨의 50%를 제거한 5분도미나 70%를 제거한 7분도미를 먼저 먹으면서 습관을 들이는 것도 괜찮다.

Rule 3 압력솥에 현미밥 짓지 않기
압력솥의 고압에 의해 수용성비타민인 티아민과 단백질 구성성분인 아미노산이 파괴되기 쉽기 때문에 현미밥을 지을 때는 압력솥을 사용하지 않는다.

Rule 4 현미밥에 콩, 팥, 무 등을 섞기

콩을 섞으면 현미에 부족한 칼슘을 콩을 통해 보충할 수 있어 중년비만에 좋다. 팥을 섞으면 현미의 탄수화물 분해 효과를 높이고 이뇨작용을 통해 부기를 해소시켜 산후비만에 좋다. 무를 넣고 밥을 지으면 무의 소화효소가 현미의 소화를 도와주므로 장이 민감한 사람에게 좋다.

Rule 5 소화가 안 될 때는 발아현미밥을!

현미를 꾸준히 먹어도 계속 소화가 안 되고 속이 불편한 경우 발아현미를 선택하면 좋다. 현미의 껍질에 있는 피틴산이 소화흡수율을 떨어뜨리는 작용을 하기 때문인데 4시간 정도 불려서 밥을 짓거나 발아현미로 밥을 지으면 괜찮다.

Rule 6 발아현미를 갈아서 생식하기

현미에 많이 들어 있지만 열에 약한 수용성비타민들을 보호하면서 먹으려면 발아현미를 갈아서 물이나 우유, 두유에 타서 먹으면 좋다. 미숫가루보다 포만감이 훨씬 높아 액체식인데도 불구하고 배가 쉽게 고프지 않아 아침 대용식으로 많이 사용한다. 발아현미는 시중에 판매되는 상품도 있지만 가격이 비싼 편이므로 직접 만들어 먹으면 좋다.

Dr. 이경영의 다이어트 수첩

발아현미 만드는 법

① 가급적이면 수확한 지 얼마 안 되는 6개월 이내의 유기농 현미를 구입하여 물을 넣고 세 번 정도 가볍게 저어준다. 문지르면서 씻지 않고 손가락을 이용해서 가볍게 저어준다는 느낌으로 씻어야 한다. 물에 떠 있는 이물질은 발아를 방해할 수도 있으므로 모두 버린다.

② 씻은 현미를 그릇에 담아 생수(수돗물은 안 됨)를 넣고 따뜻한 곳에 8시간(봄, 여름, 가을) 또는 10시간(겨울) 정도 보관한다. 이때 그릇은 덮지 않는다.

③ 물에 불은 현미를 체에 받쳐 물이 담긴 쟁반에 담아 물에 적신 면포로 덮은 후 보온이 잘 되도록 담요를 또 덮는다. 6시간(봄, 여름, 가을) 또는 8시간(겨울) 정도 발아시킨다.

④ 중간중간 발아가 되는 상태를 보고 기호에 따라 먹는데 싹이 2~3mm 정도 되면 가장 맛있게 먹을 수 있으므로 물기를 빼고 냉장고에 보관한다. 일주일 안에 먹는 것이 좋다.

⑤ 이렇게 만든 발아현미는 기존 현미와 달리 조리시간이 백미처럼 짧기 때문에 편하게 먹을 수 있다. 발아현미로 밥을 지으면 효소 때문에 시큼한 냄새가 나므로 밥을 한 후 김이 다 빠지고 나서 먹도록 한다.

⑥ 직접 만들어 먹는 발아현미가 아니라 건조된 상태에서 파는 시중의 발아현미는 4~5시간 정도 찬물에 불리는 것이 좋고 백미보다는 물을 20% 더 넣어서 밥을 짓는다.

food 2 국수, 라면

Rule 1 일주일에 한 번 별미로 먹기

다이어트를 할 때는 밥과 반찬(3~5가지)으로 15분 이상 식사하는 균형식 트레이닝이 중요하다. 한 그릇 음식인 면류는 탄수화물 중심으로 식단이 구성되어 영양 불균형이 생길 수 있어서 기본적으로 즐겨 먹지 않는 것을 원칙으로 해야 한다. 식습관상 면류와 영원한 작별을 할 수 없다면 일주일에 한두 번 정도 별미로만 즐긴다.

Rule 2 쌀국수나 우리밀국수 즐겨 먹기

다이어트에 적합한 면은 쌀국수, 메밀국수, 우동, 라면 순이다. 쌀국수는 탄수화물중독증이 예방될 뿐 아니라 소화에도 좋다. 밀로 만든 면은 농약 등 안전성을 고려하여 수입밀보다 우리밀을 선택하는 것이 바람직하다.

Rule 3 쌀국수로 스파게티 만들어보기

스파게티가 먹고 싶을 때는 쌀국수를 이용해 별미로 만들어 먹는다. 소스를 끓일 때 국물을 좀 넉넉히 해서 쌀국수(건면)를 넣어 2분 정도 끓여 완성하면 된다. 쌀국수는 스파게티면에 비해 빨리 붇기 때문에 오래 끓이면 안 되고, 미리 삶아두어도 불어서 맛이 없다.

Rule 4 라면과 수프 따로 끓이기

라면 한 개가 445kcal인데 이중에 라면을 튀기는 데 들어간 지방 16g, 즉 144kcal를 제하면 301kcal로 줄게 된다. 따라서 라면을 끓일 때는 면만 따로 삶아 기름을 뺀 뒤 먹으면 다이어트에 효과적이다. 끓는 물에 라면을 넣어 2분 정도 끓인 후 면만 건

Dr. 이경영의 다이어트 수첩

탄수화물중독증

아래 6가지 중 3가지 이상이면 탄수화물중독증을 의심해야 한다.

☐ 오후 4~5시만 되면 피곤해지고 배가 고프다.
☐ 밥이나 빵을 많이 먹은 후 졸리고 나른하다.
☐ 야식을 하지 않으면 잠이 오지 않는다.
☐ 떡, 빵, 국수, 과자, 스파게티, 케이크, 설탕 등을 선호한다.
☐ 식사 시간이 조금만 늦어도 못 참고 간식거리를 찾는다.
☐ 과자, 빵, 떡 등을 한 번 먹기 시작하면 멈출 수 없다.

져 찬물에 잠깐 담갔다가 끓고 있는 라면수프 냄비에 넣고 끓이면 된다.

Rule 5 향신채에 기름 흡수시키기

대파, 양파, 붉은 고추 등의 향신채도 라면의 기름기를 제거하는 역할을 한다. 라면을 끓일 때 대파, 양파를 넣으면 기름을 흡수한다. 또 대파, 양파, 고추에 있는 매운 성분이 라면으로 들어가 면에 남아 있는 지방을 녹여준다.

Rule 6 녹차 넣어 지방 흡수시키기

면을 삶을 때 녹차를 활용해도 좋다. 물이 끓을 때 녹찻잎을 1작은술 정도 넣어주면 녹찻잎의 카테킨 성분이 튀긴 라면의 지방을 흡수하는 역할을 한다. 그런 뒤 면을 건져 라면수프 냄비에 넣고 끓여 먹으면 된다.

Rule 7 수프는 반만 넣는 습관 들이기

라면을 끓일 때 수프는 반만 넣는 것을 원칙으로 한다. 부족한 맛은 고춧가루 등 천연양념을 넣거나 파나 붉은 고추 등 향신채를 넣어 보충한다.

Rule 8 라면에 김치 넣고 조리하지 않기

라면수프에는 나트륨이 1175mg이나 들어 있어 김치(1인분 458mg)와 먹으면 1일 충분 섭취량인 1500mg을 넘게 된다. 김치를 국물에 넣지 말고, 곁들여 조금만 먹도록 한다. 단무지를 곁들여 먹는 일 또한 금물이다. 단무지 1인분은 나트륨이 1889mg으로 라면수프의 나트륨 양보다 더 많다.

food 3 떡

Rule 1 다이어트 중에는 떡 멀리하기

떡은 쌀을 압축한 것으로 칼로리가 생각보다 높다. 저체중으로 유산 위험이 있는 임신부가 단기간 체중을 늘려야 할 때 산부인과 전문의가 쓰는 방법 중에 하나가 떡을 간식으로 권하는 것이다. 수분이 적은 떡은 빵, 과자 못지않은 엄청난 칼로리를 자랑하는 만큼 가급적 먹지 않도록 노력한다. 참고로 인절미 5개(100g)가 쌀밥 $\frac{2}{3}$공기(약 200kcal)보다 더 높은 234kcal이다.

Rule 2 콩이나 채소를 넣고 찐 떡 먹기

여러 종류의 떡 중에 팥시루떡, 쑥버무리, 콩송편 등은 비교적 괜찮으나 약식, 인절

미, 절편, 가래떡, 부꾸미 등은 삼가는 것이 좋다. 즉 콩이나 견과류 등이 섞여 있고 쪄서 만든 떡은 비타민이 다량 함유되고 칼로리도 비교적 적어 괜찮으나 쌀만으로 만든 떡, 기름에 지진 떡, 쌀을 쳐서 만든 차진 떡은 고탄수화물에 칼로리도 높아 삼가는 것이 좋다는 의미다.

Rule 3 떡볶이에 떡국떡 활용하기

떡볶이용 떡 1인분(8개)은 240kcal이다. 떡볶이를 만들 때는 고열량인 떡을 최대한 적게 넣어야 하는데 그러자면 떡국떡처럼 작은 떡을 쓰는 것이 요령이다. 떡의 기름을 빼기 위해 물에 담가두었다가 뜨거운 물에 데쳐 넣는 것도 좋다.

Dr. 이경영의 다이어트 수첩

다이어트 떡볶이 만들기

떡볶이를 만들 때는 떡보다 양배추, 당근, 천사채, 곤약 등의 부재료를 많이 넣도록 한다. 부재료로 어묵을 많이 넣는 경우가 있는데, 수산가공품인 어묵 역시 칼로리가 높아 바람직하지 않다. 어묵은 튀긴 어묵보다는 수제어묵(가격이 비싼 편)을 선택한다. 어묵 역시 끓는 물에 데쳐서 기름기를 빼고 넣는 것이 좋다. 양념은 고추장에 비해 칼로리가 적은 간장을 활용하여 담백한 궁중떡볶이 형태로 만드는 것이 칼로리를 줄이는 방법이다.

food 4 감자, 고구마

Rule 1 다이어트 중에는 감자보다 고구마

감자와 고구마는 녹말이 풍부하여 밥 대신 먹을 수 있는 구황작물이다. 고구마는 감자보다 칼로리는 많지만(100g 기준 : 감자 72kcal, 고구마 100kcal) 식이섬유가 3배나 많기 때문에 다이어트 중에는 감자보다는 고구마를 선택하는 것이 좋다.

Rule 2 감자를 단 음식과 같이 먹으면 곤란

감자는 혈당지수가 높기 때문에 단 음식과 같이 먹는 것은 피해야 한다. 감자와 같은 고혈당지수 식품이 꼭 먹고 싶다면 양을 줄여 먹거나 혈당지수를 낮춰주는 플레인요구르트나 저지방우유 등의 유제품과 함께 먹도록 한다. 토마토, 양배추와 같이 식이섬유가 풍부한 채소와 함께 먹어도 좋다.

이를테면 요구르트드레싱을 뿌린 감자샐러드나 감자우유수프 등이다. 또 감자를 먹을 때는 20분 이상 꼭꼭 씹어 먹어야 한다. 빨리 먹게 되면 혈당이 급격히 상승해서 인슐린 분비가 늘어나는 악순환이 발생하기 때문이다.

Rule 3 생고구마나 군고구마보다 찐고구마가 적당

고구마는 조리법에 따라 칼로리와 식이섬유 섭취가 달라진다. 칼로리는 군고구마가 가장 적지만 식이섬유는 찐고구마가 가장 많기 때문에 다이어트를 할 때는 생고구마나 군고구마보다 찐고구마를 선택하는 것이 좋다. 또한 껍질째 먹어야 식이섬유를 더 많이 섭취할 수 있다.

★**고구마의 칼로리**(1개 = 140g 기준)
군고구마(168kcal) 〈 찐고구마(175kcal) 〈 생고구마(179kcal)

★**고구마의 식이섬유**(1개 = 140g 기준)
찐고구마(5g) 〉 군고구마(4g) 〉 생고구마(3g)

Dr. 이경영의 다이어트 수첩

혈당지수(GI)

혈당지수(GI)는 섭취한 혈당의 상승 정도와 인슐린 반응을 유도하는 정도를 말하는 데 순수 포도당을 100이라고 할 때 해당 식품을 비교해서 수치로 표시하게 된다. 혈당지수가 높은 음식을 섭취하게 되면 인슐린 분비가 많아져서 지방을 많이 축적하게 되기 때문에 다이어트 중에 혈당지수가 60 이상이 되는 식품은 피하는 것이 좋다. 하지만 혈당지수가 낮은 음식 중에도 칼로리가 높은 것이 많기 때문에 칼로리와 같이 고려해서 식품을 선택해야 한다. 식품별 혈당지수는 아래와 같다.

식품별 혈당지수

곡류		채소류		과일류		콩류·견과류		육류·어류·어패류		유제품·달걀	
식품명	혈당지수	식품명	혈당지수	식품명	혈당지수	식품명	혈당지수	식품명	혈당지수	식품명	혈당지수
보리	50	시금치	15	딸기	29	호두	18	연어	40	플레인요구르트	25
메밀국수	54	콩나물	22	배	32	파스타치오	18	대구	40	우유	25
호밀빵	55	브로콜리	25	귤	33	땅콩	28	참치	40	달걀	30
현미	56	양배추	26	포도	48	아몬드	30	새우	40	파르메산치즈	33
라면	73	토마토	30	수박	60	낫토	33	가리비	42		
콘플레이크	75	단호박	65	황도(캔)	63	캐슈너트	34	쇠고기	45		
백미	84	옥수수	75	말린 바나나	65	두부(찌개)	42	돼지갈비	46		
식빵	91	당근	80	파인애플	65	유부	43	소시지	46		
바게트	93	감자	90	딸기잼	82	고운 앙금	80	참치통조림	50		

food 5 콩, 두부, 팥

Rule 1 필수아미노산이 많은 콩 자주 먹기

단백질은 20개의 아미노산이 조합되어 만들어진다. 우리 몸에서 합성되지 않아 꼭 음식을 통해 섭취해야 하는 필수아미노산 9가지와 몸속에서 합성이 가능한 불필수아미노산 11가지이다. 다이어트 중에 동물성단백질을 섭취해야 하는 것도 육류에 필수아미노산이 들어 있기 때문이다. 그런데 콩은 식물성 식품으로는 드물게 필수아미노산이 많아 다이어트 중에 자주 먹는 것이 좋다.

Rule 2 익혀 먹거나 두부로 먹기

콩은 익혀 먹으면 소화율이 높아지고 영양소의 흡수율도 좋아진다. 또한 콩을 익히면 소화율이 65% 정도지만 두부로 만들면 95%까지 높아져서 다이어트 중에 소화 기능이 떨어질 때 자주 활용할 수 있다.

Rule 3 콩물도 함께 먹기

콩은 불려 쓸 때가 많은데, 이때 콩 불린 물도 버리지 않고 먹는다. 콩 불린 물에 사포닌 성분이 포함되어 있어 콜레스테롤을 줄여주기 때문이다. 단 콩을 처음 씻은 물은 불순물이 많아 버리는 것이 좋다.

Rule 4 고기 대신 콩 넣기

고기 대신 콩을 넣은 콩스테이크 등을 만들어 먹으면 좋다. 대두에 있는 레시틴이라는 인지질은 혈관 벽을 청소하고 간 기능을 향상시키는 데 도움을 주기 때문이다. 기존 스테이크에 쓰이는 육류 양을 반 이상 줄이고 그 양만큼 삶아 으깬 대두를 넣은 뒤 반죽해 스테이크를 만들면 된다.

Rule 5 육류 요리에 콩가루소스 곁들이기

육류나 달걀 등 콜레스테롤이 많이 있는 식품을 이용한 요리에 콩가루가 들어간 소스를 곁들여보자. 예를 들어 달걀샐러드에 콩가루올리브드레싱을 만들어본다.

Rule 6 두부는 시금치, 녹차와 같이 먹지 않기

시금치, 녹차는 칼슘의 흡수를 방해하는 성분이 있다. 두부 속의 칼슘을 온전히 흡수하기 위해서는 이들과 같이 요리하지 않는다.

Rule 7 여러 종류의 두부 고루 먹기

두부에는 일반 두부와 순두부, 연두부가 있는데 일반 두부의 경우 칼로리는 높지만 칼슘 함량이 높고 식이섬유가 많기 때문에 여러 종류의 두부를 골고루 먹는 것이 좋다.

★두부의 칼로리(80g 기준)
연두부(32kcal) 〈 순두부(37kcal) 〈 일반 두부(63kcal)

★두부의 단백질(80g 기준)
순두부(3g) 〈 연두부(4g) 〈 일반 두부(6g)

★두부의 칼슘(80g 기준)
순두부(38mg) 〈 연두부(49mg) 〈 일반 두부(127mg)

Rule 8 하체부종이 있을 때는 팥물 먹기

팥은 콩에 비해 지방이 적고 해독작용이 강하다. 콩과 마찬가지로 팥 삶을 때 나는 거품도 사포닌 성분으로 이뇨작용을 촉진한다. 하체부종이 있거나 생리전증후군으로 잘 부을 때 팥을 반나절 이상 물에 불린 뒤 1시간 정도 중간 불에서 삶아(팥알이 터지기 직전까지 무르도록 삶는다) 그 물을 식혀서 냉장고에 넣어두었다가 아침저녁으로 한 컵씩 먹으면 좋다. 이때 단맛을 내려고 설탕을 넣는 경우가 있는데 팥에 있는 티아민이 탄수화물을 태우는 효과를 떨어뜨리므로 첨가하지 않는다. 또 팥에 있는 불용성섬유소가 변의 부피를 증가시켜서 장운동을 활발하게 하므로 변비가 있을 때는 껍질째 팥을 삶아서 아침에 두 숟가락씩 먹으면 좋다.

food 6 아몬드, 땅콩, 호두

Rule 1 호두 6개, 아몬드 10개, 땅콩 20개를 섭취

견과류는 불포화지방산이 많아 심장병과 고혈압을 예방한다. 또한 다이어트 중 지나친 운동이나 스트레스로 세포가 산화되는 것을 막아주고 면역력을 증가시키면서 노화 방지와 치매 예방에도 효과가 높다. 그러나 견과류는 칼로리가 높기 때문에 한꺼번에 많이 먹지 않는다. 호두는 6개, 아몬드는 10개, 땅콩은 20개 정도가 적당하다. 이 중 하나를 선택해서 먹는다.

Rule 2 공복에 대한 응급식품으로 먹기
식사시간까지 배고픔을 참지 못할 때 견과류를 먹으면 위장관에서 분비되는 콜레시스토키닌을 자극해서 포만감을 준다.

Rule 3 견과류는 속껍질째 먹기
땅콩이나 호두 속껍질에 있는 연한 갈색의 떫은맛이 나는 성분은 레스베라트롤이라는 물질로 강력한 항산화작용을 해서 탄력 있는 혈관을 만들어준다.

Rule 4 조금씩만 구입해 먹기
견과류를 기름에 튀겨 파는 제품은 간을 한 것이 많고 빨리 산화한다. 구입 시 간을 하지 않은 것으로 고르고 3~4일 정도 먹을 분량만 사는 것이 좋다.

Rule 5 육류 요리에 견과류 곁들이기
콜레스테롤이 많은 육류가 들어간 샐러드에 호두를 이용한 드레싱을 곁들이면 육류의 문제점을 보완하여 깨끗한 혈관 만들기에 도움이 된다.

food 7 채소류

Rule 1 채소야말로 다이어트 최고의 친구
독특한 색과 향을 풍기는 채소는 수분이 많이 함유되어 있어 칼로리가 적고 식이섬유가 많은 대표적인 알칼리성 식품이다. 비타민과 무기질이 듬뿍 들어 있고, 항산화작용을 하는 파이토케미컬이라는 생리활성물질도 풍부해 지나친 다이어트로 인해 생길 수 있는 노화현상을 예방한다. 채소야말로 다이어트 최고의 친구들이다.

Rule 2 흙이 묻은 상태의 채소 구입
채소류는 세척해 손질한 것보다 흙이 묻은 신선한 상태의 재료를 사서 3일 안에 먹는 것이 좋다. 씻을 때는 흐르는 물에 살살 씻어 수용성비타민의 손실을 줄인다.

Rule 3 재빠르게 데치기
나물을 삶을 때는 뜨거운 물에 소금을 넣고 재빨리 데쳐서 비타민의 손실을 줄인다.

Rule 4 지용성비타민은 기름에 구워 섭취

지용성비타민이 듬뿍 들어 있는 호박, 토마토, 당근은 올리브유에 살짝 굽거나 볶아 먹으면 지용성비타민의 흡수율을 높일 수 있다. 특히 생당근에는 비타민 C를 파괴하는 효소가 있는데, 기름과 함께 열을 가하면 이 효소의 활동이 사라진다.

Rule 5 엽채류는 잎이 짙은 것으로 고르기

배추, 상추, 시금치, 양배추, 쑥갓, 미나리 등의 엽채류는 수분이 많고 열량이 적다. 잎의 색깔이 짙을수록 비타민 A가 많으므로 짙은 색을 고르도록 한다.

Rule 6 오이 즐겨 먹기

다이어트 중에는 칼로리가 적고 칼륨이 많아 부종을 줄이는 데 효과 있는 오이를 즐겨 먹으면 좋다.

Rule 7 무는 고기와 함께 먹기

무에는 소화효소가 많이 들어 있어 고기와 같이 먹으면 효과적이다. 특히 무 껍질에 비타민 성분이 더 많으므로 조리를 할 때 껍질을 같이 사용한다.

Rule 8 기름진 음식은 양파와 함께 먹기

기름진 중국음식에 양파를 넣는 것은 기름에 대한 일종의 중화작용을 하는 퀘르세틴과 유화프로필이라는 성분 때문이다. 양파의 퀘르세틴은 항산화작용을 하여 동맥경화를 방지하고, 유화프로필은 혈당뿐 아니라 콜레스테롤과 중성지방 수치를 낮춘다. 생양파를 썰 때는 이 유화프로필 성분이 손상되지 않도록 세로로 큼직하게 썬다. 잘게 다지거나 가로로 썰면 유화프로필이 손상되므로 조심한다. 또 매운맛을 빼기 위해 물에 오래 담그게 되면 유효성분이 줄어들기 때문에 썰어서 즉시 먹도록 한다.

Rule 9 당도 높은 음식도 양파와 함께 먹기

양파에는 중성지방 수치를 낮추는 성분이 있어서 당도가 높은 옥수수나 감자 등을 먹을 때 생양파를 곁들이면 효과적이다.

Rule 10 육류를 구울 때 양파도 함께 굽기

콜레스테롤이나 중성지방이 많은 음식은 가열한 양파와 궁합이 맞는다. 양파는 가열되면 유화프로필 성분이 트리설피드로 전환되는데 이 성분이 콜레스테롤과 중성지방을 낮춰주기 때문이다. 육류를 구울 때 양파와 함께 구워 양파즙이 스며들게 하고, 흘러나오는 국물은 같이 먹도록 한다.

Rule 11 운동량 늘리면 채소 섭취량도 늘리기

채소에는 물에 쉽게 녹는 수용성비타민이 많다. 수용성비타민에는 대표적인 비타민 C를 비롯해 티아민(비타민 B_1), 리보플라빈(비타민 B_2), 니아신, 비타민 B_6, 엽산, 비타민 B_{12}, 판토텐산, 비오틴이 있다. 다이어트를 할 때 대부분이 탄수화물, 단백질, 지방과 같은 에너지를 구성하는 영양소에만 관심을 갖는데 수용성비타민 섭취는 이들 영양소만큼 중요하다. 이것은 수용성비타민이 에너지대사 과정에서 조효소 과정으로 쓰이기 때문이다. 니아신, 비오틴, 판토텐산은 직접적으로 지질대사에 관여하는데 이들 비타민들은 티아민과 함께 탄수화물 분해 작용에도 도움을 준다. 단백질대사에는 니아신, 엽산, 비타민 B_6, 비타민 B_{12}, 비타민 C가 관여한다. 한편 운동을 하면서 지방을 태우려면 니아신과 리보플라빈의 도움이 필요하다. 따라서 체중 감량을 위해 운동시간을 늘릴 때는 수용성비타민 섭취량을 같이 증가시켜 지방 연소 효율을 높여야 한다.

food 8 버섯류

Rule 1 고기 대신 버섯 먹기

비타민, 무기질이 많고 필수아미노산이 많은 저열량 고단백 식품인 버섯은 글루타민이 풍부해서 특유의 씹히는 맛이 있다. 다이어트 중에 육류 대신 버섯으로 대리만족을 얻을 수 있다.

Rule 2 양송이버섯 날로 먹기

양송이버섯은 유일하게 날것으로 먹을 수 있어 샐러드에 넣어 먹는다.

Rule 3 말린 표고버섯 즐겨 먹기

표고버섯은 생표고보다 건표고가 영양적으로 우수하다. 건표고는 재빨리 씻어 따뜻한 물에 20분쯤 불려서 조리하고 이때 불린 물은 된장찌개나 채소를 데칠 때 활용한다.

Rule 4 재빨리 씻고 살짝 익히기

버섯을 씻을 때는 빨리 씻거나 깨끗한 행주로 가볍게 닦아 버섯의 향과 비타민 성분을 보호하는 것이 좋다. 또 버섯은 살짝 구워야 향을 유지할 수 있다. 찌개나 국에 넣을 때도 먹기 바로 전에 넣어 잠깐 끓이는 것이 좋다.

food 9 과실류

Rule 1 가급적 껍질째 먹기

채소와 함께 다이어트 중에 사랑받는 과일에는 비타민, 무기질이 많고 단백질과 지방이 적다. 몸에 좋은 파이토케미컬이 많이 들어 있고 식이섬유가 많은데, 껍질을 먹을 수 있는 것은 잘 씻어서 껍질째 먹어야 식이섬유를 그대로 섭취할 수 있다. 이를 테면 사과즙을 마실 때는 껍질째 갈아 마신다.

Rule 2 식사 대용으로 먹지 않기

과일은 포도당과 과당이 많이 들어 있는 데다 체내 흡수율이 높아서 지나치게 많이 먹으면 설탕처럼 흡수되어 혈당을 증가시키기 때문에 식사 대용식으로는 좋지 않다.

Rule 3 귤껍질 안쪽의 하얀 실 부분도 먹기

귤이나 자몽 껍질 안쪽의 하얀 실 같은 부분에 모세혈관을 튼튼하게 하는 비타민 P가 많다. 이 부분을 되도록 제거하지 않고 먹는 것이 좋다.

Rule 4 단맛보다 신맛 나는 과일을 즐겨 먹기

사과, 배, 레몬, 귤, 자몽과 같이 신맛이 나는 과일이 수박이나 포도, 멜론과 같이 단맛이 나는 과일보다 혈당지수가 낮아 다이어트에 도움이 된다.

Rule 5 레몬즙을 요리에 활용하기

소금이나 간장을 넣는 요리에 레몬즙을 넣어 염분 섭취를 줄인다. 예를 들어 간장소스에 레몬즙을 넣어 짠맛을 희석시키면 염분 섭취가 줄게 된다.

Rule 6 자몽은 과육이 하얀 것으로 고르기
자몽은 과육의 색이 핑크인 것보다 하얀 것을 선택하는 것이 좋다. 과육이 하얀 것은 과즙이 많으면서 당도가 낮다.

Rule 7 사과는 밤에 먹지 않기
사과는 유기산이 많아 소화작용을 촉진하기 때문에 저녁보다는 낮에 먹는 것이 좋고, 철분 흡수를 돕는 성분이 있어서 철분이 풍부한 육류를 먹은 후 디저트로 즐기거나 고기 구울 때 같이 구워 먹으면 좋다.

Rule 8 말린 과일 먹지 않기
건포도, 건자두 등 말린 과일은 당 성분이 고농도로 농축되어 있으므로 다이어트 중에는 피한다.

food 10 육류

Rule 1 발 개수가 적은 육류 선택하기
발 개수가 적은 육류를 선택한다. 예를 들어 발이 네 개인 돼지고기나 쇠고기보다는 발이 두 개인 닭고기가 다이어트에 좋다.

Rule 2 손질할 때 기름기 제거하기
육류를 손질할 때 눈에 보이는 기름은 칼이나 가위로 먼저 제거하고 조리한다. 구이요리는 기름기가 적은 부위를 선택한 후 굽기 전 뜨거운 물에 10초 정도 살짝 데쳐서 구우면 기름기를 어느 정도 제거할 수 있다. 이때 물에는 양파나 파, 고추를 넣으면 기름기가 더 많이 제거된다.

Rule 3 가공육은 양파물에 데치기
어묵, 햄, 소시지 등의 가공식품은 먹지 않는 것이 좋으나 꼭 먹어야 한다면 양파와 파를 넣은 끓는 물에 데쳐서 조리한다. 햄이나 소시지는 통째로 데치기보다 작은 크기로 잘라서 데쳐야 기름기를 골고루 뺄 수 있다.

Rule 4 종이타월로 기름 흡수시키기
육류를 구운 후 접시에 담을 때 종이타월을 깔아서 먼저 기름기를 한 번 빼고, 위에도 종이타월로 덮어 눌러서 기름기를 한 번 더 빼준다.

Rule 5 오징어의 타우린 활용하기
육류는 칼로리뿐 아니라 콜레스테롤 함량도 높다. 마른오징어 껍질에 있는 하얀 가루인 타우린 성분은 콜레스테롤 함량을 줄여준다. 육류를 데칠 때 혹은 쌈장을 만들 때 오징어의 껍질에 있는 가루를 살살 털어 넣으면 좋다.

Rule 6 시금치나 녹차 함께 먹지 않기
시금치와 녹차는 육류의 철분 흡수를 방해하므로 함께 요리해 먹지 않는다. 현미의 피틴산 역시 철분 흡수를 방해하기 때문에 발아현미밥이나 잡곡밥을 곁들인다.

Rule 7 조리할 때 생강 넣기
육류를 조리할 때 생강즙을 갈아서 넣으면 생강의 매운맛이 담즙 분비를 증가시켜 지방질의 소화 흡수를 돕는다.

Rule 8 돼지고기는 안심이 이상적
돼지고기는 지방과 콜레스테롤이 많은 부위는 피하고 탄수화물, 단백질, 지방 분해를 도와주는 고마운 비타민인 니아신이 풍부한 부위를 선택하는 것이 좋다. 돼지고기는 안심이 가장 적합하다.

★**돼지고기의 칼로리(구운 것 45g 기준)**
안심(78kcal) 〈 등심(113kcal) 〈 사태(133kcal) 〈 삼겹살(148kcal) 〈 갈비(151kcal)

★**돼지고기의 콜레스테롤(구운 것 45g 기준)**
삼겹살(24mg) 〈 안심(35mg) 〈 등심(36mg) 〈 사태·갈비(41mg)

★**돼지고기의 니아신(구운 것 45g 기준)**
갈비·삼겹살(1mg) 〈 안심·등심·사태(2mg)

Rule 9 쇠고기는 등심이 이상적
쇠고기는 지방과 콜레스테롤이 많은 부위를 피하면서 다이어트 중 많이 발생하는 빈혈을 예방할 수 있는 철분이 들어 있는 등심을 선택하는 것이 좋다.

★쇠고기의 칼로리(구운 것 45g 기준)
등심(98kcal) 〈 사태(120kcal) 〈 채끝(132kcal) 〈 안심(134kcal) 〈 갈비(165kcal)

★쇠고기의 콜레스테롤(구운 것 45g 기준)
등심(28mg) 〈 채끝(35mg) 〈 갈비(37mg) 〈 안심(38mg) 〈 사태(47mg)

★쇠고기의 철분(구운 것 45g 기준)
채끝(0mg) 〈 갈비 · 등심 · 안심 · 사태(1mg)

Rule 10 닭고기는 가슴살이 이상적

닭고기 부위는 단백질 함량과 칼로리를 고려해서 선택하는 것이 좋다. 또한 몸에 저장된 탄수화물, 단백질, 지방을 태우는 데 필요한 비타민인 니아신이 풍부한 부위를 체크해야 한다. 여러 기준을 고려해 닭고기는 가슴살을 권한다.

★닭고기의 칼로리(구운 것 45g 기준)
가슴살(74kcal) 〈 넓적다리(110kcal) 〈 날개(131kcal)

★닭고기의 단백질(구운 것 45g 기준)
넓적다리(11g) 〈 날개(12g) 〈 가슴살(13g)

★닭고기의 니아신(구운 것 45g 기준)
넓적다리(2mg) 〈 날개(3mg) 〈 가슴살(6mg)

food 11 난류

Rule 1 반찬으로 조리하기보다는 삶아 먹기

달걀, 오리알, 메추리알을 반찬이나 간식으로 많이 애용하는데 달걀말이나 메추리알장조림, 오리알프라이 등 지방이나 나트륨 섭취량을 증가시키는 조리법은 피하고 가급적이면 삶아 먹는 것이 좋다. 다이어트 중에 가장 쉽게 효율적인 동물성단백질을 섭취할 수 있는 난류는 상대적으로 칼로리는 적지만 콜레스테롤이 많은 편이라 하루에 1~2개 정도가 적당하다. 구운달걀이 찐달걀에 비해 상온에서도 쉽게 상하지 않아 휴대해서 먹기에 좋다.

Rule 2 메추리알, 오리알보다는 달걀이 다이어트에 적당

칼로리, 단백질, 콜레스테롤 모두를 고려할 때 달걀을 선택하는 것이 다이어트에 적합하다.

★난류의 칼로리(삶은 것 50g 기준)
달걀(75kcal) 〈 메추리알(82kcal) 〈 오리알(94kcal)

★난류의 단백질(삶은 것 50g 기준)
달걀(6g) = 메추리알 = 오리알

★난류의 콜레스테롤(삶은 것 50g 기준)
달걀(215mg) 〈 메추리알(301mg) 〈 오리알(315mg)

Rule 3 달걀찜은 1인 용기 사용하기

달걀찜은 숟가락으로 퍼 먹다 보면 과식할 수 있기 때문에 일식처럼 일인용 찜 그릇에 달걀 한 개만 넣고 찐다. 만약 두 개를 넣고 싶다면 한 개의 노른자는 뺀다. 달걀에 함유된 높은 콜레스테롤 함량을 줄이기 위해 마른오징어의 껍질에 있는 흰색 가루(타우린 성분)를 살살 털어 넣어 찜을 하는 것도 괜찮다. 이때는 국물 자체가 짜기 때문에 따로 소금을 추가할 필요가 없다.

Rule 4 비타민 C와 철분이 풍부한 채소 넣고 조리하기

달걀은 우유와 함께 완전식품에 속하지만 비타민 C와 철분은 전혀 포함되어 있지 않기 때문에 비타민 C가 풍부한 피망과 철분이 풍부한 깻잎을 같이 넣어서 요리하는 것이 영양균형을 맞추는 데 좋다.

food 12 어패류

Rule 1 주 3회 이상 먹기

생선은 다이어트 중에 주 3회 이상 챙겨 먹어야 할 정도로 건강식품이다. 그렇다고 칼로리가 적은 것은 아니므로 한꺼번에 많이 먹기보다 한 번에 한 토막씩 먹는 것이 좋다.

Rule 2 등푸른생선 중심으로 먹기

등푸른생선과 흰살생선 중에는 등푸른생선이 좋다. 참치, 고등어, 꽁치, 청어, 정어리 등의 등푸른생선은 DHA, EPA로 유명한 오메가3지방산이 잔뜩 들어 있어 혈액 속의 콜레스테롤 수치를 줄이고 동맥경화를 예방한다. 불포화지방산이 많은 등푸른생선은 비린내가 나 꺼리는 사람들이 많은데 향이 강한 카레가루나 생강즙을 내서 같이 굽거나 찌면 비린내가 없어진다.

Rule 3 조림보다 구이로 먹기

생선은 조림보다 구이로 조리하고, 구이를 할 때는 생선 머리 부분에 기름이 많기 때문에 따로 기름을 추가하지 않는다. 꼭 기름을 써야 한다면 식물성기름을 최소의 양만을 사용해 빨리 굽도록 한다. 생선구이를 할 때 가급적이면 소금을 넣지 말고, 소금이 이미 많이 들어 있는 생선이면 흐르는 물에 씻어서 소금기를 최대한 없앤 후 구워서 레몬즙이 들어간 간장에 살짝 찍어 먹도록 한다.

Rule 4 통조림은 기름기를 제거하고 조리하기
참치, 꽁치 등의 생선 통조림은 거즈나 종이타월을 이용해서 기름기를 제거한 뒤에 조리한다.

Rule 5 마른오징어의 타우린으로 콜레스테롤 줄이기
오징어는 단백질이 생선보다는 적지만 조개보다는 많다. 콜레스테롤이 많지만 타우린도 육류보다 20배 이상 많다. 마른오징어 표피에 있는 하얀 가루인 타우린은 털어서 콜레스테롤을 줄이는 조리법에 쓰도록 한다.

Rule 6 오징어는 미역과 함께 조리하기
생오징어 껍질에는 콜레스테롤이 많이 함유되어 있으므로 소금을 묻혀서 벗겨낸 후 요리한다. 오징어는 산성성질이 강하기 때문에 알칼리성 식품인 미역과 함께 오징어 미역무침을 해서 먹는 것이 좋고 위산과다증이 있는 경우 마른오징어는 좋지 않다.

food 13 해조류

Rule 1 꾸준히 섭취하기
다시마, 미역, 톳, 김과 같은 해조류는 식이섬유와 비타민, 무기질, 아연 등이 많은 다이어트 식품이다. 물에 담갔을 때 해조류 특유의 미끈거림이 생기는 것은 알긴산 때문인데, 이 성분이 콜레스테롤과 혈당을 낮춰준다. 해조류 중에서는 김보다 미역이나 다시마에 알긴산이 많다. 또한 해조류는 혈압을 낮추는 작용을 해서 짜게 먹는 한국인들이 꼭 챙겨 먹어야 하는 식품이다. 육류나 빵 등의 산성음식을 많이 먹는다면 해조류를 꾸준히 섭취하도록 한다.

Rule 2 해조류로 과식 막고 변비 예방하기
해조류는 다이어트 중의 변비 예방에도 효과적이다. 또 배 속에서 부풀어지기 때문

에 천천히 꼭꼭 씹어 먹으면 과식을 막을 수 있다. 따라서 식사시간이 빠른 경우에 밥 먹기 전에 해조류를 먼저 먹는 것도 좋다.

Rule 3 찬물에 불려 염분을 제거하고 먹기
염분기를 충분히 제거해야 해조류의 칼륨 섭취를 증가시켜 부종을 방지할 수 있다. 하지만 지나치게 오래 물에 불리면 영양성분이 손실될 수 있으므로 30분 이상 담가두지 않도록 한다. 뜨거운 물에 불리면 알긴산이 손실될 수 있으므로 차가운 물에 불리도록 한다.

Rule 4 해조류 넣은 밥 지어 먹기
다시마, 톳 등을 넣어 밥을 지어 먹으면 해조류의 좋은 성분을 흡수할 수 있다.

Rule 5 다시마로 차 만들어 마시기
찬물에 다시마 한 장을 넣고 30분 정도 두어 염분기를 뺀 후 이 물을 버리고 다시 찬물을 부어 하루 정도 두면 알긴산이 가득한 다시마차를 마실 수 있다.

Rule 6 김은 소금과 기름 바르지 않고 굽기
김 자체에 나트륨이 들어 있기 때문에 생김을 사서 소금과 기름을 바르지 않고 구워 먹는 습관을 들인다. 김을 구울 때 너무 센 불에 구우면 김의 맛과 향이 나빠지므로 주의한다.

food 14 유제품

Rule 1 골다공증 방지 위해 저지방우유 꾸준히 마시기
다이어트 중에 문제가 될 수 있는 골다공증을 예방하기 위해 칼슘이 풍부하고 흡수율 또한 우수한 우유를 하루 한 잔 꾸준히 마시는 것이 좋다. 저지방우유는 일반 우유에 비해 칼슘이 풍부하고 칼로리가 적다.

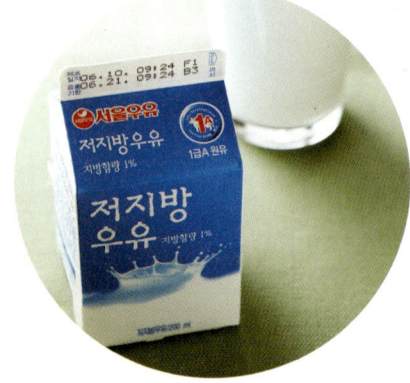

★우유의 칼슘(200ml 기준)
일반 우유(210mg) 〈 저지방우유(260mg)

★우유의 칼로리(200ml 기준)
일반 우유(120kcal) 〉 저지방우유(102kcal)

Rule 2 생선, 육류 요리에 활용하기

생선이나 육류를 우유에 담그면 특유의 냄새를 없애면서 우유의 칼슘을 흡수할 수 있다.

Rule 3 떠먹는 플레인요구르트 즐겨 먹기

요구르트는 맛이 첨가되지 않은 플레인요구르트가 좋은데 액상보다 떠먹는 호상요구르트를 골라야 한다. 호상요구르트는 칼로리는 약간 높지만 칼슘 함량이 훨씬 많아 몸에 더 좋다.

★요구르트의 칼로리(150ml 기준)
액상요구르트(97kcal) 〈 호상요구르트(154kcal)

★요구르트의 칼슘(150ml 기준)
액상요구르트(58mg) 〈 호상요구르트(249mg)

Rule 4 저온살균 유제품 골라 먹기

다이어트 중에는 장내 건강을 위해 유산균이 많은 유제품을 선택하는 것이 좋다. 저온으로 살균한 유제품에 유산균이 더 많이 살아 있다. 우유나 유제품은 차게 냉장보관한다. 따뜻하게 데워 먹는 것보다는 저온상태의 유제품이 장 건강에 좋은 유산균이 많다.

food 15 유지류

Rule 1 식물성 기름으로 골라 조금씩 먹기

올리브유, 카놀라유, 홍화유, 해바라기씨유와 같이 불포화지방산이 많은 식용유지류를 쓰는 것이 좋다. 마가린이나 쇼트닝처럼 고소한 맛을 내는 유지류는 암의 원인이 될 수 있는 트랜스지방산이 많기 때문에 주의해야 한다. 올리브유는 가열 처리가 되지 않고 처음 짜내어 유효성분이 가장 많은 버진을 선택하는 것이 좋다. 하지만 아무리 몸에 좋아도 g당 9kcal의 고열량을 내는 지방이기 때문에 조금씩만 먹어야 한다.

Rule 2 채소샐러드에는 올리브드레싱 뿌려 먹기

불포화지방산이 부족한 채소샐러드를 만들 때는 올리브유를 이용한 드레싱으로 보충한다.

Rule 3 두툼한 팬으로 기름 사용량 줄이기
기름에 구울 때는 두꺼운 팬을 사용하면 기름 양을 줄이면서 태우지 않고 구울 수 있다.

Rule 4 채소 큼직하게 썰어 사용량 줄이기
채소를 기름에 볶을 때는 채소를 크게 썰어서 기름에 닿는 단면적을 작게 하는 것이 좋다.

Rule 5 튀김옷 얇게 입혀 사용량 줄이기
튀김할 때 튀김옷이 두꺼울수록 기름을 많이 먹기 때문에 최대한 얇게 한다.

Rule 6 참기름보다 볶은 참깨 활용하기
깨는 볶으면 껍질이 벗겨져 깨의 항산화물질인 리그닌 흡수가 더 잘된다. 리그닌은 깨끗한 혈관과 혈액 관리에 도움을 주기 때문에 볶은 깨를 선택한다. 따라서 나물을 무칠 때는 참기름보다 볶은 참깨를 넣어 맛을 내는 것이 좋다.

★참깨 1큰술의 칼로리(7g 기준 40kcal) < 참기름 1작은술 칼로리(5g 기준 44kcal)

food 16 조미료

Rule 1 설탕 줄이기
설탕은 단순당질로 체내 흡수가 빨라 중성지방으로의 전환율이 높다. 또한 혈당에 직접적인 영향을 미쳐 인슐린 분비량을 급격히 증가시켜 복부지방 합성율을 높인다. 되도록 다이어트 중에는 설탕을 쓰지 않는다.

Rule 2 설탕 대신 올리고당 먹기
단맛을 내야 할 때는 백설탕보다는 미네랄이 조금이라도 들어 있는 흑설탕이 낫지만 설탕보다 칼로리가 40% 이상 적고 식이섬유가 든 올리고당을 활용하는 것이 가장 좋다. 특히 프락토올리고당은 설탕의 단맛은 유지하면서 칼로리를 60% 줄이고 몸에 좋은 식이섬유가 33% 함유된 건강한 단맛으로 부족한 식이섬유를 채워주고, 장내 유익균인 비피더스균의 증식을 도와주어 원활한 배변 활동을 돕는다. 또한 칼슘 흡수에도 도움을 주어 성장기 어린이의 발육에도 좋다. 이외에도 인공 감

미료로 단맛을 내는 자일리톨, 만니톨, 솔비톨 등은 칼로리는 적지만 단맛이 설탕보다 조금 떨어진다. 아스파탐은 단맛이 설탕의 200배 가까이 되기 때문에 아주 극소량을 써도 단맛을 잘 낼 수 있다. 하지만 열에 변성되기 때문에 음식이 식은 후에 넣도록 한다. 설탕 대신 흔히 쓰는 꿀도 칼로리가 높은 편이라서 다이어트 중에는 프락토올리고당을 활용하는 것이 바람직하다.

★시판 감미료의 칼로리(1g 기준)
만니톨(1.6kcal) 〈 자일리톨(2kcal) 〈 솔비톨(3kcal) 〈 아스파탐(4kcal)

★시판 감미료 감미도(설탕의 감미도를 1로 보았을 때)
솔비톨(0.6) 〈 만니톨(0.7) 〈 자일리톨(0.9) 〈 아스파탐(18~200)

Rule 3 과즙을 활용해서 단맛 내기

설탕 대신 사과즙, 배즙, 파인애플즙 등의 과일즙을 활용해도 좋다. 설탕 대신 꿀을 사용하는 경우도 많은데 꿀 역시 칼로리가 높기 때문에 사용하지 않는 것이 좋다.

Rule 4 계핏가루로 단맛 끌어올리기

계핏가루를 활용하면 단맛을 증가시킬 수 있다. 사과구이를 할 때 계핏가루를 넣으면 사과의 단맛이 증가된다. 사과, 고구마, 호박 요리에 응용하면 좋다.

Rule 5 소금 섭취 줄이기

소금을 과잉 섭취하면 고혈압, 부종, 위염, 위궤양의 원인이 된다. 젓갈, 장아찌, 찌개, 패스트푸드, 라면, 말린 생선이나 고등어자반을 자주 먹는 한국인들의 식성을 고려할 때 소금을 줄이는 것이 밥 양을 줄이면서 부종을 줄이는 비책이다.

Dr. 이경영의 다이어트 수첩

비만의 원인이 되는 부종

붓는다고 다 살이 되지는 않지만 부종이 지방연소 효율을 떨어뜨릴 수 있다. 부종의 정확한 의미는 세포 외액과 내액의 균형이 깨져서 인체의 조직 사이에 세포 간질액이 고여 있는 것이다. 과도한 스트레스나 지나친 운동, 수면 부족 등으로 신체리듬이 깨어지면 부종이 생길 수 있고 근육의 단백질 함량이 떨어지면 인체의 완충작용이 깨져서 부종이 악화된다. 또 고나트륨 식사를 했을 때도 부종 위험이 증가할 수 있다. 부종으로 인해 혈액순환이 저하되면 세포는 저산소증이 되는데 이렇게 되면 신체 부위별 지방세포를 태우기 위한 산소 공급이 활발하게 이루어지지 않아 운동을 해도 에너지(APT를 생산하는 능력)가 떨어진다. 따라서 산후비만이나 하체비만은 부종이 원인이 되기도 한다.

Rule 6 저염 소금·간장·된장 활용하기

시판되는 저나트륨소금은 짠맛을 유지하기 위해 염화나트륨은 줄이고 염화칼륨을 첨가하면서 기존의 소금맛을 내기 위해 황산마그네슘, 리신이라는 아미노산을 첨가해서 만든 소금이다. 음식의 짠맛은 유지하면서 혈압조절에 도움이 되는데 신장질환이 있는 경우 의사와 상의해서 선택해야 한다. 한식에 많은 나트륨 섭취를 줄이기 위해서 저염소금 외에도 저염간장, 저염된장 등을 사용하는 것이 좋다.

★시판 제품의 평균 염도
국간장(23.8%) 〉 진간장(16%) 〉 저염간장(12%) 〉 된장(10.8%) 〉 고추장(6.9%)

Rule 7 소금이나 쌈장 대신 김치나 레몬즙 활용하기

상추쌈 등 각종 쌈을 먹을 때 쌈장 대신에 김치를 넣고 싸서 먹으면 소금 섭취를 줄일 수 있다. 또 볶음요리에서 소금 대신 김치를 썰어 넣고 볶는 것도 염분 섭취를 줄이는 데 도움이 된다. 생선에 소금을 뿌리지 말고 구워서 무즙 또는 레몬즙을 뿌려 먹거나 레몬과 식초로 만든 양념장에 찍어 먹는 것도 염분 섭취를 줄이는 좋은 아이디어다.

Rule 8 국·마른 반찬 등 염분 많은 반찬 줄이기

국에는 생각보다 많은 염분이 들어 있다. 국이나 찌개는 하루에 한 번 정도만 먹고, 먹을 때는 국, 찌개의 건더기를 젓가락으로 건져 먹는 습관을 들여 국물 섭취를 줄인다. 마른 반찬도 염분이 많으므로 멸치볶음이나 뱅어포조림 정도로 제한해 최소한만 먹는다. 해조류로 반찬을 만들 때는 물에 담가 염분을 완전히 뺀 뒤 조리한다.

Rule 9 고추장보다는 고춧가루로 매운맛 내기

한때 김치다이어트라고 해서 김치의 매운맛을 이용한 다이어트법이 유행이었다. 이는 고추의 매운맛을 내는 캡사이신이라는 성분이 몸속의 지방을 녹여주는 역할을 해서 다이어트에 효과적이라는 원리이다. 그러나 시판되는 고추장에는 물엿이 들어 있어 단맛이 많이 나고 칼로리가 높기 때문에 다이어트 중에는 고추장 사용량을 줄이는 것이 좋다. 대신 붉은 고추를 다지거나 고춧가루로 대체하는 편이 현명하다. 캡사이신 성분은 고추의 씨에 풍부하므로, 붉은 고추를 다질 때는 씨까지 같이 다진다.

★고추장 · 고춧가루 1큰술의 칼로리 비교
고춧가루(22kcal) 〈 고추장(54kcal)

★풋고추 · 붉은 고추 1개(14g)의 칼로리 비교
풋고추(4kcal) 〈 붉은 고추(7.4kcal)

Rule 10 화학식초보다 감식초 즐겨 먹기

살균작용를 하면서 소화액 분비를 촉진시켜 소화 흡수를 돕는 식초를 선택할 때는 화학식초보다 곡물이나 과일을 발효한 양조식초 즉 현미식초, 사과식초, 감식초 등이 위장 건강에 좋다. 식초의 유기산 성분이 신진대사를 활발하게 하고 운동을 할 때 생기는 피로물질인 젖산을 분비시켜 피로 해소에도 좋다. 최근에는 몸에 좋은 감식초가 많이 판매되고 있는데 비타민 C가 많은 감식초는 일반 식초에 비해 산도가 낮아 물에 타먹기도 한다. 식초는 엽록소 색깔을 누렇게 변하게 만들기 때문에 먹기 직전에 사용하고, 요리를 할 때 감식초와 다른 식초를 섞어 쓰면 산도를 맞출 수 있다.

다이어트 푸드 완전정복 5

다이어트를 위해 반드시 버려야 할 식습관

지금까지 다이어트에 좋지 않은 외부의 적, 나쁜 음식들을 살펴보았다면 이제부턴 나를 살찌게 하는 내부의 적, 나쁜 습관을 파악해야 할 차례예요. 가만히만 있어도 비만을 부르는 나쁜 습관들과 그것을 무찌르기 위한 든든한 전략들을 알아두세요.

야식증후군이 있는 당신이라면~
(하루 중 6시 이후 하루 섭취량의 절반을 먹는 경우에 해당)

저녁 7시에 밥을 먹더라도 하루 섭취량의 반 이상이 넘지 않는다면 야식증후군이라고 할 수 없다. 보통 아침식사를 하지 않게 되면 하루 두 끼를 먹게 되면서 자동적으로 야식증후군이 생기게 된다.

전략 1 아침식사는 꼭!
아침식사를 하지 않으면 하루 필요한 양을 결국엔 밤에 먹고 자게 된다. 밤에 먹는 것을 아침으로 옮겨라.

전략 2 하루 세 끼를 비슷하게
다이어트할 때 저녁으로 갈수록 적게 먹는 것은 다이어트 고수나 할 수 있는 일이다. 처음에는 비슷하게 식사량을 나누고 점점 갈수록 아침 비율을 늘리면서 저녁 비율을 줄여라.

전략 3 야행성 생활 No!
밤마다 멋진 스타일을 보여주는 케이블 TV에 빠져 새벽 두세 시에 자게 되면 결국 빈 위를 만족시키기 위해 야식이 필요하다. 진짜 스타일리시해지려면 일찍 자서 성장호르몬이 듬뿍 나오도록 유도하고, 지방연소와 근육합성이 잘되는 체질로 바꿔야 한다. 늦은 밤 TV에 나오는 음식 광고도 야식증후군을 자극시키기 때문에 화려한 밤 생활은 반드시 청산해야 한다.

살찌는 음식만 선호하는 당신이라면~
(단 것, 기름진 것, 자극적인 것을 선호할 경우 해당)

입맛 자체가 달거나 기름지거나 자극적인 것을 좋아하는 사람이라면 살찌는 음식 선호도가 높은 편이다. 또한 밥보다 밀가루 음식을 좋아한다면 역시 주의 요망된다.

전략 1 횟수 다운!
빵, 육류, 아이스크림 등 살 찌는 입맛으로 만드는 식품 섭취를 줄이도록 한다. 예를 들어 밀가루 음식을 매일 먹었다면 주 2~3회로 줄여 먹기를 시도한다.

전략 2 양도 다운!
모든 음식의 양을 줄이는 것이 아니라 살이 찌는 입맛의 원인이 되는 음식의 양을 줄인다. 롤케이크, 크림커피 생각이 간절하다면 평소 먹던 양의 반만 먹는다.

전략 3 하나는 포기하고 하나만 먹어라!
탕수육과 자장면 같이 먹기, 크림커피에 치즈케이크 같이 먹기 등 평소 식습관에서 하나를 빼본다. 자장면과 양장피, 치즈케이크와 아메리카노를 주문해보는 것이다. 하나를 얻으려면 하나는 포기해야 한다.

한꺼번에 몰아 먹기를 즐기는 당신이라면~
(하루 한두 끼를 폭식하는 경우라면 해당)

한꺼번에 몰아 먹는 폭식 습관은 다이어트 중에 가장 나쁜 습관으로 고치기도 어렵다. 한꺼번에 먹다 보면 위가 늘어나 쉽게 포만감이 들지 못하고 빨리 먹는 습관도 생기게 된다. 커진 위를 줄여서 폭식을 막는 것이 중요 포인트.

전략 1 하루 최소 두 끼 이상은 규칙적으로
굶다가 한꺼번에 몰아 먹는 소나기밥은 위를 늘려 포만감을 느낄 수 없게 만든다. 하루 세 끼 사수가 힘들다면 두 끼와 단백질 중심의 간식으로 위 줄이기 트레이닝에 꼭 성공해야 한다.

전략 2 정해진 시간에 최소 15분 이상 식사

배꼽시계를 살려야 한다. 불규칙적인 식사시간으로 생체리듬이 망가진 경우라면 정해진 시간에 배가 고프다는 신호가 나오도록 인체를 정상화시켜야 한다. 배가 고프지 않더라도 정해진 시간에 밥을 먹는 습관을 들인다. 또 밥을 먹을 때는 최소 15분 이상 먹어야 포만감 신호가 뇌로 전달된다.

전략 3 견과류와 친하게!

정해진 시간보다 식사시간이 늦어질 경우 허겁지겁 먹으며 과식하기 쉽다. 이때 견과류를 활용하면 포만감을 벌 수 있다. 호두 6알, 아몬드 10알, 조미하지 않은 땅콩 20알 중 하나를 선택해서 미리 먹으면 위장관에서 콜레시스토키닌이라는 포만감을 주는 호르몬이 분비되어 한 시간 정도 참고 기다릴 수 있는 인내력이 생긴다.

운동과 담을 쌓은 당신이라면~
(운동을 좋아하지 않는다면 해당)

운동 선호도는 다이어트를 떠나서 운동 자체를 좋아하는가에 대한 질문이다. 남자들의 경우 운동을 좋아한다는 답변이 많지만, 여성들은 이제부터라도 운동과 사랑에 빠져야 할 경우가 많다.

전략 1 혼자 하기 힘들면 파트너와 함께!

운동은 혼자 하는 것보다 같이 할 때 재미가 늘어 지속 효과도 높다. 단 자신보다 더

Dr. 이경영의 다이어트 수첩

비만 습관 체크 리스트

1	야식증후군(오후 6시 이후 하루 섭취량 절반의 식사)		
	☐ 주5회 이상(10점)	☐ 주2~5회(5점)	☐ 주2회 미만(0점)
2	살찌는 음식(단 것, 기름진 것, 자극적인 것) 선호도		
	☐ 항상 좋아한다(30점)	☐ 보통이다(15점)	☐ 싫어한다(0점)
3	한꺼번에 몰아 먹기(하루 한두 끼 폭식)		
	☐ 항상 그렇다(40점)	☐ 주2~3회 폭식(30점)	☐ 세 끼 사수(0점)
4	운동과 담 쌓기(운동 선호도)		
	☐ 절대 운동 안한다(20점)	☐ 억지로 한다(10점)	☐ 운동을 좋아한다(0점)

▲ 60점 이상 : 비만 습관　　　　▲ 30점 이상 : 과체중 습관

위 해당 사항을 체크한 후 총점이 60점 이상이면 비만, 30점 이상이면 과체중이 될 수밖에 없는 습관이다. 지금 당장 비만이나 과체중이 아니더라도 이런 습관을 고치지 않으면 조만간 체형이 변할 수 있으니 주의해야 한다.

게으른 파트너 선택은 금물이다.

전략 2 7 : 5 : 3 법칙을 신봉하라!
주 7회 스트레칭, 주 5회 유산소운동, 주 3회 근력운동을 중심으로 운동 계획을 짜면 다이어트에 효과적이다.

전략 3 운동 시간은 최소 20분, 최대 1시간 30분
최소 20분 이상 운동을 해야 성장호르몬 분비로 인해 지방연소 효율이 높아진다. 무조건 많이 하면 좋을 것 같지만 하루 2시간 이상의 운동은 오히려 피로물질을 증가시키고 식욕을 증가시킨다. 최대 1시간 30분 이내가 적당하다.

빠트리면 섭섭한 다이어트 전략

전략 1 스트레스 받을 때는 음식을 멀리하라!
다이어트 중에 가장 많이 하는 실수가 공복감보다 감정적 스트레스를 풀기 위해 음식을 선택하는 것이다. 스트레스는 음식보다는 음악, 영화, 스포츠 등으로 풀어라.

전략 2 백화점 식품관, 뷔페식당은 멀~리
한식, 중식, 양식, 분식 등 다양한 음식의 향연이 펼쳐지는 백화점 지하의 식품관이나 뷔페식당은 다이어트 중, 특히 배가 많이 고플 때 간다면 완전 KO패!

전략 3 살찌는 음식은 청색 그릇에 담아라!
노란색, 흰색 그릇은 식욕을 증가시키고 보라색, 연두색, 청남색 그릇은 식욕을 감소시킨다. 고칼로리의 살찌는 음식은 이왕이면 식욕을 줄일 수 있는 청색 그릇에 담도록 한다.

전략 4 강한 맛이 필요할 땐 단맛보다 매운맛을 찾아라
다이어트 중에는 양념이 적은 것이 좋지만 강한 맛이 절실하다면 단맛보다는 매운맛을 선택한다. 도라지무침에 들어 있는 설탕은 2g, 콜라 한 잔에 들어 있는 설탕은 26g이다. 중성지방의 원인이 되는 단맛 대신 지방을 태우는 매운맛이 칼로리도 적고 지방 연소에도 도움이 된다. 고추에 들어 있는 캡사이신이 지방 연소에 효과적인데 단맛이 나는 고추장보다 고춧가루를 애용한다.

전략 5 화이트푸드 몰아내고 컬러푸드로 채워라

삼백식품(흰밀가루, 흰쌀, 흰설탕)은 칼로리도 높지만 탄수화물중독증을 유발할 수 있다. 노화를 막고 성인병 예방에 좋은 색깔 있는 음식들로 식탁을 채운다. 피망, 토마토, 검은콩, 녹차, 귤, 브로콜리, 미역 등의 색깔 있는 음식은 삼백식품에 길들여진 입맛 개선에도 도움이 된다.

전략 6 중국식당은 멀리~

다이어트 중에 가장 치명적인 메뉴가 바로 중식이다. 차이니즈푸드신드롬이라는 말은 중국음식을 먹고 오면 목이 마르고 머리가 아프고 속이 더부룩해지는 것을 의미한다. 이것은 육류, 밀가루, 설탕, 기름 등 안티 건강식품이자 안티 다이어트식품의 조화로 인해 생기는 현상이다. 다이어트 중의 외식은 한식당, 일식당, 태국식당을 우선 순으로 한다.

전략 7 충분한 수면으로 수험생증후군을 몰아내라!

성장호르몬은 숙면을 취해야 잘 나오는데 12시 전에는 잠을 자야 제대로 된 성장호르몬 수혜를 받을 수 있다. 지방 연소와 근육 합성에 중요한 성장호르몬은 새벽 두 시에 최대가 된다. 또 하루 최소 6시간 이상 잠을 자는 것이 식욕 조절에 도움이 된다. 수면이 부족하면 수면호르몬인 멜라토닌 분비가 떨어지면서 식욕이 증가하는 수험생증후군이 발생된다. 그렇다고 무조건 많이 자는 것은 좋지 않다. 하루 8시간 이상의 수면은 활동량을 떨어뜨려 군살이 생길 수 있으니 하루 6~8시간 정도 푹 자도록 한다.

다이어트 푸드 완전정복 6

내 몸에 맞는 칼로리 섭취량 알기

다이어트를 할 때 가장 먼저 해야 할 일은 나에게 적합한 하루 칼로리 섭취량을 구하는 거예요. 자신의 활동량과 기초대사량을 고려해서 하루 필요한 칼로리를 정확하게 계산하면 좀 더 과학적인 다이어트를 할 수 있답니다.

나의 기초대사량 파악하기

다이어트를 하지 않을 때는 한국영양학회가 발표한 한국인 영양섭취기준(2010)에 따라 20대 여성의 경우 하루 2100kcal, 20대 남성의 경우 하루 2600kcal를 섭취한다. 하지만 다이어트 중이라면 평소보다 500kcal 정도를 적게 먹는 것을 권장한다. 그렇게 되면 20대 여성은 하루 1600kcal를 먹으면 되는 것일까? 그보다는 자신의 활동량과 기초대사량을 고려해서 하루 필요한 칼로리를 정확하게 계산하는 것이 좀 더 과학적인 다이어트 방법이다.

기초대사량이라는 것은 근육량을 기초로 해서 자신의 칼로리를 태우는 능력이다. 원래 기초대사량은 실험실에서 전문 설비를 사용해서 구해야 하지만 가장 쉽게 자신의 체중을 이용하여 기초대사량을 구하는 방법을 많이 이용한다. 예를 들어 60kg 여성의 기초대사량은 1296kcal인데, 이것은 60kg 여성이 하루에 적어도 1296kcal를 먹으면 살이 찌지 않고 에너지로 다 태워진다는 뜻이다. 반대로 하루 최소 1296kcal 이하를 먹는 것은 기초대사량 저하의 원인이 되어 악성비만체질이 될 수 있기 때문에 단기간(1~2주) 이상은 하지 않도록 한다. 기초대사량은 일반적으로 다음과 같은 공식을 통해 구할 수 있다.

- **남자의 기초대사량(kcal) = 1 × 체중 × 24**
- **여자의 기초대사량(kcal) = 0.9 × 체중 × 24**

나의 하루 칼로리 섭취량 계산하기

자신의 몸무게를 바탕으로 기초대사량이 정해졌다면 이제는 자신의 활동량을 파악해 기초대사량을 곱하면 다이어트 중에 내가 먹어야 할 하루 칼로리 섭취량을 알 수 있다. 하루 한 시간 규칙적으로 운동을 해도 주로 앉아서 일하는 경우나 주부라도 아이들이 다 커서 하루 한두 시간 정도만 가사일을 한다면 활동강도를 1.2로 정한다.

다이어트 중 나의 하루 칼로리 섭취량 = 기초대사량 × 활동강도

★**활동강도 1.2** 사무직 회사원, 학생 등 주로 앉아서 생활하는 경우

★**활동강도 1.35** 육아 및 가사를 주로 하는 전업주부, 백화점 판매사원 등 활동량이 많거나 서서 일을 하는 경우

★**활동강도 1.5** 운동선수, 농업, 어업, 건설업 등 하루 종일 활동량이 높은 일을 하는 경우

Dr. 이경영의 다이어트 수첩

몸무게 별 기초대사량과 다이어트 중 하루 섭취량

몸무게(kg)	기초대사량(kcal)	다이어트 중 하루 섭취량 (kcal)		
		저강도(1.2)	중강도(1.35)	고강도(1.5)
40	864	1036.8	1166.4	1296
42.5	918	1101.6	1239.3	1377
45	972	1166.4	1312.2	1458
47.5	1026	1231.2	1385.1	1539
50	1080	1296	1458	1620
52.5	1134	1360.8	1530.9	1701
55	1188	1425.6	1603.8	1782
57.5	1242	1490.4	1676.7	1863
60	1296	1555.2	1749.6	1944
62.5	1350	1620	1822.5	2025
65	1404	1684.8	1895.4	2106
67.5	1458	1749.6	1968.3	2187
70	1512	1814.4	2041.2	2268
72.5	1566	1879.2	2114.1	2349
75	1620	1944	2187	2430
77.5	1674	2008.8	2259.9	2511
80	1728	2073.6	2332.8	2592
82.5	1782	2138.4	2405.7	2673
85	1836	2203.2	2478.6	2754
87.5	1890	2268	2551.5	2835
90	1944	2332.8	2624.4	2916
92.5	1998	2397.6	2697.3	2997
95	2052	2462.4	2770.2	3078
97.5	2106	2527.2	2843.1	3159
100	2160	2592	2916	3240

다이어트 푸드 완전정복 7

알기만 해도 살 빠지는
자주 먹는 식품 칼로리표

안 먹고는 못 사는 탄수화물 식품에서부터 한 잔 두 잔 무심코 마시지만 무시하지 못하는 음료수, 출출할 때 자꾸만 손이 가는 간식 등 평상시 즐겨 먹는 식품들의 칼로리를 알려드릴게요. 다이어트 최대의 적인 지방질 식품들과 예쁘고 탄력 있는 몸을 만들어주는 단백질 식품들의 칼로리도 따져보세요.

안 먹고는 못 사는 탄수화물이 풍부한 식품들

음식명	단위	kcal	음식명	단위	kcal
쌀밥	1공기	313	라면(계란 포함)	1개	525
잡곡밥	1공기	437	컵라면	1개	464
채소볶음밥	1접시	449	쫄면	1인분	559
비빔밥	1대접	585	물냉면	1인분	435
콩나물밥	1대접	332	비빔냉면	1인분	442
오징어덮밥	1인분	443	잔치국수	1인분	406
떡국	1인분	439	자장면	1인분	696
만둣국	1인분	382	우동	1인분	461
떡볶이	1인분	275	라볶이	1인분	408
카레라이스	1인분	456	짬뽕	1인분	482
오므라이스	1인분	519	샌드위치	1개	358
잡채밥	1인분	527	핫도그	1개	242
생선초밥	10개	557	콘플레이크(우유 포함)	1소그릇	150
유부초밥	6개	456	아몬드플레이크(우유 포함)	1소그릇	168
감자	1개	109	하니체크(우유 포함)	1소그릇	280
고구마	1개	175	피자	1조각	411
호박죽	1그릇	297	파전	½판	205
채소김밥	1줄	395	해산물스파게티	1접시	690
삼각김밥	1개	178	크림스파게티	1접시	656

한 잔 두 잔 무심코 마시는 음료수들

음료명	단위	kcal	음료명	단위	kcal
블랙커피	1잔	5	밀크커피	1잔	50
카페라떼	1잔	260	카페모카	1잔	300
프라프치노	1잔	280	캐러멜마끼아또	1잔	320
캐러멜모카	1잔	370	핫초코	1잔	340
녹차	1잔	3	홍차	1잔	1
우유	200ml	120	두유	200ml	118
바나나우유	1개	166	요구르트	1개(소)	55
요플레	1개	113	미에로화이바	1병	40
갈아만든배	1캔	144	당근주스	100ml	40
식혜	1캔	124	실론티	1캔	75
콜라	1캔	100	다이어트콜라	1캔	1
사이다	1캔	40	포카리스웨트	1캔	63

출출할 때 즐겨 먹는 간식들

음식명	단위	kcal	음식명	단위	kcal
도넛	1개	227	카스텔라	1조각	330
생크림케이크	1조각	330	치즈케이크	1조각	350
크림빵	1개	219	단팥빵	1개	293
모카빵	1개	207	베이글	1개	245
소보로빵(곰보빵)	1개	263	머핀	1개	240
송편	1개	60	핫바	1개	125
찹쌀떡	1개	110	월드콘	1개	265
새우깡	1봉지	445	팝콘	1봉지	100
포테이토칩	1봉지	317	프링글스	1봉지	680
건빵	1봉지	124	참크래커	1봉지	297
에이스	1봉지	540	초코파이	1개	156
맛동산	1봉지	396	빼빼로	1봉지	107
사과	1개	119	귤	1개	62
배	1개	210	오렌지	1개	92
바나나	1개	126	자몽	1개	50
딸기	10알	52	감	1개	66
포도	1송이	139	토마토	1개	56

1g에 9kcal나 되는 지방질이 많은 식품

음식명	단위	kcal	음식명	단위	kcal
프라이드치킨	1조각	281	양념치킨	1조각	358
돈가스	1인분	667	생선가스	1조각	150
감자튀김	1인분	284	삼겹살	1인분(200g)	634
탕수육	1소접시	335	돼지갈비	1토막	152
채소크로켓	1개	459	오징어튀김	6개	198
새우튀김	2개	136	버터	1큰술	135
마요네즈	1큰술(15g)	98	마가린	1큰술	129
콩기름	1큰술(5g)	44	올리브오일	1작은술	43
베이컨	2줄(40g)	237	페이스트리	1개	320
런천미트	1조각(25g)	139	비엔나소시지	6개	144

예쁘고 탄력 있는 몸을 만들어주는 단백질이 풍부한 식품들

음식명	단위	kcal	음식명	단위	kcal
닭가슴살	1토막(45g)	74	닭다리	1조각	191
닭날개	1토막(45g)	131	계란	1개	80
가자미	1토막(40g)	52	갈치	1토막(30g)	44
고등어	1토막(45g)	122	꽁치	1토막(40g)	105
대구	1토막(90g)	81	명태	1토막(40g)	29
연어	1토막(70g)	113	정어리	1토막(40g)	77
조기	1토막(40g)	55	굴비	1토막(40g)	71
굴	1접시	78	모시조개	1소접시	25
대합	1소접시	116	전복	1개(135g)	106
게	1마리	128	문어	50g	35
된장	1큰술	24	두부	반모	86
강낭콩	1종지	32	땅콩	20알(14g)	80
밤	3개	48	아몬드	14알(13g)	84
호두	1개	52	우유	200ml	120
치즈	1장	58	요구르트(액상)	150ml	97

다이어트 푸드 완전정복 8

요리는 쉽게, 칼로리는 정확하게!
다이어트 계량법

다이어트에 돌입했다면 우선 계량도구부터 장만하세요.
계량스푼, 계량컵, 계량저울 등을 갖춰두어야 정확한 칼로리 계산이 가능해져요.

큰술

계량스푼이 있을 때는 15ml, 혹은 1Ts라고 적혀 있는 스푼을 쓰면 된다. 계량스푼이 없으면 집에서 사용하는 밥숟가락에 수북이 담거나, 밥숟가락에 수평으로 깎아 담아서 1½ 숟가락을 담으면 된다.

1큰술은 계량스푼으로 15ml

밥숟갈로는 수북이 1숟갈

작은술

계량스푼이 있을 때는 5ml, 혹은 1ts라고 적혀 있는 스푼을 쓰면 된다. 계량스푼이 없으면 집에서 사용하는 찻숟가락에 수평으로 깎아 담아서 2찻숟가락을 넣으면 된다.

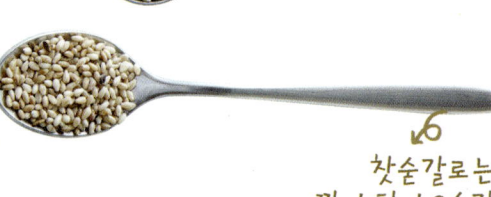

1작은술은 계량스푼으로 5ml

찻숟갈로는 깎아 담아 2숟갈

컵

계량컵의 눈금 200ml까지 담으면 된다. 계량컵이 없으면 200ml 우유팩을 이용하거나 종이컵을 활용하면 된다. 흔히 쓰는 커피잔이나 물컵도 대략 200ml이다.

1컵은 계량컵으로 200ml

종이컵으로는 한가득

그램

채소나 고기의 무게를 잴 때는 계량저울을 사용한다. 보통 1근은 고기 600g, 채소 400g을 뜻한다. 시판되는 나물 1봉지는 보통 200g 정도다.

채소 1근은 400g

고기 1근은 600g

이 책의 칼로리와 분량 표기

칼로리(kcal) 칼로리는 1인분 기준으로 표기되었습니다.

재료 다이어트 식단이기 때문에 일반 식단에 비해 1인분의 양이 약간 적습니다. 따라서 1인분만 요리할 경우 분량이 너무 적어 재료는 2인분 기준입니다. 단 밥은 4인분 기준입니다.

Chapter 2
칼로리별 요리 레시피

무리한 다이어트로 내 몸의 생명력을 해친다면
나의 모든 것을 잃는 것이나 다름없어요.
몸은 슬림하게 만들어도 내 몸의 건강은 제대로 지켜야겠지요?
그러기 위해선 무엇보다 내 몸에 필요한 영양분을 제대로 챙겨주어야 해요.
알맞은 영양분의 음식을 적당한 칼로리만큼 섭취한다면 살은 빼고 건강도 챙길 수 있어요.
이제부턴 내가 만드는 음식이 어느 정도의 칼로리인지 하나하나 따져서
꼼꼼하게 요리하고 맛있게 먹어요.
먹을수록 살 빠지는 칼로리별 매직 요리 레시피를 소개합니다.

MENU 1

최대한 슬림하게
50kcal 이하 레시피

먹어도 먹어도 살 안 찌는
초저칼로리 레시피들을 모아보았어요.

1인분 37kcal

감자채브로콜리팬구이

칼로리는 적지만 혈당지수는 높은 감자는 혈당지수가 낮은 브로콜리와 함께 요리하면 좋아요.
불의 세기를 조절하면서 구워 바삭한 맛을 즐겨보세요.

50kcal 이하

재료(2인분)
감자 80g, 브로콜리 30g, 양파 20g, 소금 ⅓작은술, 카놀라유 ½작은술

1 감자 썰기
감자는 껍질을 벗기고 곱게 채썰어 물에 잠깐 담갔다가 건진다.

2 브로콜리 데치기
브로콜리는 작은 송이로 떼어 끓는 물에 살짝 데친 후 찬물에 헹궈 굵직하게 다진다. 양파는 굵직하게 채썬다.

3 굽기
달군 팬에 카놀라유를 두른다. 감자를 먼저 편편하게 깔듯 놓고 사이사이에 브로콜리와 양파를 얹은 후 소금을 약간 뿌린다. 1분 정도 뚜껑을 덮고 중불에서 감자가 익을 정도로만 익힌 후 뚜껑을 열고 뒤집어 다른 쪽도 굽는다.

맛 up
감자와 양파가 어우러져 씹는 맛이 좋은 데다 브로콜리를 넣어 달착지근한 맛도 난다. 기름을 아주 적은 양만 두르고 익힌 후 불의 세기를 조금 올려 타지 않을 정도로 구우면 바삭한 맛도 즐길 수 있다. 감자채는 빨리 익도록 곱게 채써는 것이 좋다.

칼로리 down
유채꽃씨에서 추출한 카놀라유는 식용유 중에서 포화지방산이 가장 적어 다이어트 요리에 인기가 많다. 그래도 기름의 칼로리를 더 줄이고 싶다면 두께가 있으면서 코팅이 잘된 팬을 사용하면 적은 기름으로도 타지 않게 구울 수 있다.

건강 up
감자는 칼로리는 적지만 혈당지수가 높은 식품이기 때문에 브로콜리처럼 혈당지수가 낮은 채소와 함께 요리하는 것이 좋다. 혈당지수를 떨어뜨려 인슐린 분비량을 줄이고 지방 합성을 줄일 수 있기 때문이다.

1인분 22.5kcal

청포묵냉국

더위에 지쳐 입맛이 없을 땐 살캉살캉한 청포묵을 맛보세요.
시원한 맛의 오이와 함께 버무려 차게 식힌 육수를 부어 마시면 온몸이 시원해진답니다.

50kcal 이하

재료(2인분)
청포묵 150g, 오이 40g, 멸치다시마육수 1½컵, 다진 마늘 ½작은술, 참기름 ½작은술, 국간장 ½작은술

1 청포묵 썰기
청포묵은 굵직하게 채썰어 그대로 사용해도 좋고, 끓는 물에 살짝 데쳐도 야들해져 맛있다.

2 오이 썰기
오이는 껍질째 깨끗하게 씻어 곱게 채썬다.

3 양념하기
묵과 오이를 넓은 그릇에 담고 다진 마늘과 참기름으로 애벌 양념한다.

4 육수 붓기
묵과 오이를 담은 그릇에 차갑게 식힌 육수를 붓고 국간장으로 약하게 간한다.

맛 up
묵은 더위에 지쳐 입맛 없을 때 먹으면 좋은 저칼로리의 대표 음식이다. 깨나 채썬 김, 조각얼음 등을 넣어 맛의 깊이를 더해 주어도 좋다.

칼로리 down
청포묵은 칼로리가 거의 없고 포만감을 주어 인기 다이어트 식품이다. 양념할 때 주의한다면 칼로리는 크게 신경 쓰지 않아도 된다. 참기름을 참깨랑 섞어서 사용하면 칼로리를 더 줄일 수 있다.

건강 up
청포묵은 필수아미노산이 많고 지방이 적은 녹두를 갈아서 만들기 때문에 건강식이다. 단 열이 많은 상체비만에는 좋지만 몸이 차거나 혈압이 낮은 경우에는 많이 먹지 않도록 한다.

1인분 25.5kcal

미역오이샐러드

미역에 듬뿍 들어 있는 요오드는 신진대사 기능을 활발하게 하여 지방 연소를 촉진해요.
먹을수록 몸이 가벼워지는 미역으로 향긋한 바다의 맛을 느껴보세요.

50kcal 이하

재료(2인분)
불린 미역 100g, 오이 70g, 붉은 피망 30g
소스 진간장 ½큰술, 다진 마늘 ⅓작은술, 참기름 ⅓작은술, 소금 약간

1 재료 준비하기
불린 미역은 끓는 물에 살짝 데친 후 찬물에 헹궈 먹기 좋은 크기로 자른다. 오이는 깍두기처럼 큼직하게 썰고, 피망도 오이와 비슷한 크기로 자른다.

2 소스 만들기
진간장에 다진 마늘, 참기름, 소금을 넣고 고루 섞어 소스를 만든다.

3 버무리기
넓은 그릇에 미역과 오이, 피망을 담고 만든 소스를 넣어 가볍게 버무린다.

맛 up
불린 미역은 그대로 먹어도 되지만 데치면 색이 더 고와진다. 미역과 함께 버무릴 오이와 피망은 조금 큼직하게 잘라 씹는 맛을 즐긴다.

칼로리 down
미역, 오이, 피망은 대표적인 저칼로리 식품이기 때문에 첨가하는 참기름 양만 주의하면 된다. 참기름의 칼로리가 부담스럽다면 참기름과 참깨를 반반씩 섞어서 사용한다.

건강 up
미역에는 갑상선호르몬의 구성성분이 되는 요오드가 많이 들어 있어 신진대사 기능을 활발하게 한다. 신진대사 기능이 증가하면 지방 연소 효율이 증가한다.

1인분 45kcal

미나리관자무침

철분, 칼륨 등이 풍부한 알칼리성 식품인 미나리는 해산물과 잘 어울리는 짝이에요.
관자 대신 오징어나 새우 등으로 요리해 풍부한 맛의 변화도 느껴보세요.

50kcal 이하

재료(2인분)
미나리 120g, 관자 50g(1개 분량)
양념장 고춧가루 1½작은술, 참기름 ⅓작은술, 다진 마늘 ⅓작은술, 소금·후춧가루 약간씩

1 미나리 자르기
미나리는 흐르는 물에 살살 흔들어 씻어 2~3cm 길이로 자른다.

2 관자 데치기
관자는 싱싱한 것으로 준비해 붙어 있는 내장들을 잘라낸다. 얄팍하게 저민 다음 굵직하게 채썰어 끓는 물에 소금을 약간 넣고 데쳐 체에 건진다.

3 양념 만들기
넓은 그릇에 분량의 양념장 재료를 넣어 고루 섞는다.

4 버무리기
양념장에 미나리와 관자를 넣어 가볍게 버무린다.

맛 up
미나리는 데쳐서 나물로 만들거나 겉절이처럼 조리해도 맛있다. 미나리는 다른 채소에 비해 해산물과 잘 어울린다. 데친 관자 대신 오징어나 생선살, 새우 등으로 맛의 변화를 주어도 좋다.

칼로리 down
고춧가루 대신 고추장을 첨가하면 칼로리가 높아지기 때문에 주의한다. 참기름의 칼로리를 줄이고 싶다면 참깨와 섞어 사용한다.

건강 up
미나리는 철분, 칼륨, 카로틴 등이 풍부한 대표적인 알칼리성 식품이기 때문에 산성 식품인 육류와 같이 먹었을 때 중화작용을 할 수 있다. 하지만 미나리가 식욕을 증가시킬 수 있기 때문에 이상식욕이 있는 경우에는 많이 먹지 않도록 한다.

1인분 49kcal

데친 버섯과 마늘소스

다양한 종류의 맛과 영양을 느낄 수 있는 버섯요리.
가끔은 물에 살짝 데쳐 부드러운 버섯 그대로를 맛보세요.

50kcal 이하

재료(2인분)
새송이버섯 50g, 팽이버섯 40g, 느타리버섯 30g, 마른 표고버섯 10g
마늘소스 다진 마늘 ½작은술, 간장 ½작은술, 참기름 ½작은술, 소금·후춧가루 약간씩

1 표고버섯 준비하기
마른 표고버섯은 물에 담가 부드럽게 불려 먹기 좋은 크기로 저며 썬다. 불린 물은 2큰술 정도 남겨 놓는다.

2 버섯 데치기
새송이와 팽이, 느타리 등 버섯은 먹기 좋은 크기로 자른 후 끓는 물에 살짝 데쳐 건진다.

3 마늘소스 만들기
준비한 마늘소스 재료를 한데 담아 고루 섞는다. 이때 따로 남겨 놓은 표고버섯 우린 물을 넣어 맛을 더한다.

4 버무리기
데친 버섯을 그릇에 담고 마늘소스를 넣어 고루 버무린다.

맛 up
소스로 버무리는 대신 찍어 먹을 수 있는 양념장을 따로 준비해도 좋다. 데친 버섯은 물기를 너무 꽉 짜지 말고 체에 밭쳐 물기를 약간 빼는 정도로 하는 것이 맛있다.

칼로리 down
버섯 자체가 칼로리가 적기 때문에 양념 첨가만 주의하면 된다. 마늘소스를 만들 때 참기름 대신 참깨를 섞으면 칼로리를 줄일 수 있다.

건강 up
마늘의 알리신 성분은 혈액이 뭉쳐 혈전이 되는 것을 예방해준다. 기름진 음식을 좋아하거나 심혈관 질환이 있는 이들은 마늘소스를 즐겨 먹는 것이 좋다. 특히 혈전은 밤에 많이 생기므로 육류 대신 저녁에 먹는 것이 좋다.

1인분 43.5kcal

가지두부찜

데치거나 찌면 더욱 담백한 맛이 나는 가지.
칼로리가 비교적 높은 두부의 양을 살짝 조절하여 더욱 건강하고 날씬하게 즐기세요.

50kcal 이하

재료(2인분)
가지 150g, 두부 50g, 피망 30g, 양파 10g, 참기름 ½작은술, 소금·후춧가루 약간씩

1 가지 준비하기
가지는 꼭지를 자르고 3cm 길이로 토막 썬 후 가장자리를 적당히 남기며 속을 파낸다.

2 두부 으깨기
두부는 물기를 충분히 뺀 후 곱게 으깬다.

3 피망과 양파 다지기
피망과 양파는 입자가 씹힐 정도의 적당한 크기로 다진다.

4 가지 속 채우기
두부와 피망, 양파를 한데 담아 고루 섞은 후 참기름과 소금, 후춧가루로 간을 해 가지 속에 채운다.

5 찌기
한 김 오른 찜통에 속을 채운 가지를 얹어 5분 정도 찐다.

맛 up
가지는 기름을 잘 흡수하므로 튀김이나 볶음을 하면 맛있다. 그러나 맛은 좋지만 먹고 나면 칼로리 때문에 살짝 후회하게 된다. 데치거나 찜을 한 후 양념하면 담백한 맛을 즐길 수 있다.

칼로리 down
가지에 비해 두부의 칼로리가 높기 때문에 두부 양을 줄이는 것이 좋다. 참기름 양을 조절하여 칼로리를 더 줄여도 좋다.

건강 up
가지는 저지방 저칼로리 채소이지만 비타민이 적은 편이기 때문에 피망처럼 비타민이 많은 식품과 같이 조리하는 것이 좋다. 가지 껍질에 있는 짙은 색의 안토시아닌 성분에 항산화 기능과 노화 방지 기능이 있으니 껍질을 많이 먹도록 한다.

1인분 42.5kcal

곤약레몬간장조림

50kcal 이하

최저칼로리 식품인 곤약은 상체비만에 좋아요. 곤약 자체는 별다른 맛이 없지만 레몬향이 도는 조림장에 조리면 산뜻하고 탱글탱글 씹히는 맛을 느낄 수 있어요.

재료(2인분)
곤약 150g, 참기름 1작은술, 소금 약간, 물 ½컵
레몬간장물 레몬 40g, 마른 다시마 5g, 간장 2작은술

1 곤약 데치기
곤약은 너무 두껍지 않게 저민 후 2×3cm 길이로 네모지게 잘라 끓는 물에 데쳐서 곤약 특유의 냄새를 누그러뜨린다.

2 곤약 모양 만들기
데친 곤약에 길이로 칼집을 두 개 나란히 넣어 매잡과 만들듯이 양쪽 가장자리를 끼워 넣어 모양을 만든다.

3 레몬간장물 만들기
냄비에 물을 담고 다시마를 넣어 한소끔 끓인 후 레몬과 간장을 넣어 좀 더 끓인다.

4 조리기
레몬간장물에 곤약과 참기름, 소금 등을 넣어 장물이 반 이상 졸아들도록 조린다.

맛 up
조림장을 만들 때는 심심할 정도로 간을 맞추는 것이 좋다. 육수 내고 난 다시마는 적당한 크기로 잘라 다시 넣어 곤약과 함께 조린다.

칼로리 down
곤약이나 레몬 자체가 최저칼로리 식품이기 때문에 양념만 주의하면 된다. 참기름을 참깨와 섞어서 조리하면 칼로리를 줄일 수 있다.

건강 up
곤약은 수분과 식이섬유소인 글루코만난으로 구성되어 있어 육류의 과다 섭취로 콜레스테롤이 많이 축적된 상체비만에 좋다. 하지만 장이 예민하거나 경련성 변비가 있는 사람은 자극이 될 수 있으므로 주의한다.

1인분 15.5kcal

토마토셀러리주스

50kcal 이하

얼음과 함께 갈아 시원하게 마시면 갈증 해소에도 그만.
다이어트 중 포만감을 느끼고 싶을 때는 방울토마토를 활용해보세요.

재료(2인분)
토마토 200g, 셀러리 30g, 생수 ½컵

1 토마토 썰기
토마토는 껍질째 씻어 꼭지를 제거하고 큼직하게 자른다.

2 셀러리 썰기
셀러리는 대가 굵은 것으로 준비해 씻어 큼직하게 자른다.

3 믹서에 갈기
믹서에 토마토와 셀러리를 넣고 생수를 부어 10초 정도 곱게 간다.

맛 up
토마토와 셀러리는 주스를 만들기 전 재료를 차게 두어 시원한 맛이 나도록 하는 것이 먹기에 더 좋다. 생수와 함께 얼음 몇 조각을 넣어 갈면 갈증 해소에도 그만이다.

칼로리 down
일반 토마토에 비해 작은 크기의 방울토마토가 식이섬유가 많아 적게 먹을 수 있다. 다이어트 중 포만감을 느끼고 싶을 때는 방울토마토를 활용하면 좋다.

건강 up
토마토를 먹을 때 습관적으로 설탕을 넣어 먹는 경우가 있는데 토마토의 빨간색 색소에 들어 있는 항산화 물질인 리코펜은 설탕 등의 단맛을 추가하면 그 효능이 떨어진다. 토마토 고유의 맛을 즐기도록 한다.

1인분 39.5kcal

블루베리요구르트셰이크

50kcal 이하

맛뿐 아니라 보기에도 좋은 보라색 블루베리.
요구르트와 함께 갈아 마시면 속도 든든해져 공복 간식으로 좋아요.

재료(2인분)
냉동 블루베리 50g, 플레인요구르트 50g, 조각얼음 ½컵

1 블루베리 씻기
냉동 블루베리는 체에 담아 흐르는 물에 살짝 씻어 물기를 뺀다.

2 요구르트와 조각얼음 준비하기
플레인요구르트와 조각얼음을 준비한다.

3 믹서에 갈기
믹서에 블루베리와 요구르트, 조각얼음을 넣고 10초 이상 곱게 간다.

맛 up
블루베리는 주스로 만들면 가장 먹기 편할 뿐 아니라 맛도 좋아 많은 양을 먹을 수 있다. 껍질째 갈아 하루 한 잔 정도 꾸준히 마시면 좋다.

칼로리 down
플레인요구르트는 떠먹는 형태가 액상요구르트에 비해 칼로리가 높다. 셰이크를 만들 때는 저지방 액상요구르트를 선택하는 것이 좋다.

건강 up
블루베리는 북미 인디언들의 질병 치료에 많이 쓰였던 건강식품이다. 포도처럼 껍질에 노화와 치매를 방지하는 안토시아닌 성분이 풍부하게 들어 있다. 이 성분은 눈 건강에도 좋다.

1인분 46.5kcal

자몽올리고당주스

단맛이 약하고 신맛이 강한 자몽은 다이어트에 좋아요.
자몽 껍질에 붙어 있는 흰색 섬유질은 비타민 성분이 듬뿍 들어 있으니 떼어내지 마세요.

50kcal
이하

재료(2인분)
자몽 200g, 올리고당 1큰술, 조각얼음 ½컵

1 자몽 껍질 벗기기
자몽은 껍질에 칼집을 내어 손으로 껍질을 벗기고 과육만 발라낸다. 이때 과육에 붙어 있는 흰 끈 같은 섬유질은 벗겨내지 않는다.

2 믹서에 갈기
믹서에 자몽을 담고 조각얼음을 넣어 10초 이상 곱게 간다.

3 올리고당 넣기
자몽과 얼음이 뒤섞여 스무디처럼 되직한 주스에 올리고당을 넣어 자몽의 신맛을 누그러뜨린다.

맛 up
자몽은 단맛이 약하고 신맛이 강한 과일이라 다이어트에 좋다. 신맛에 약한 사람이라면 칼로리가 낮은 올리고당을 약간 넣어 맛을 낸다. 조각얼음을 넉넉히 넣으면 시원한 맛을 즐길 수 있다.

칼로리 down
올리고당은 설탕에 비해 칼로리가 40% 이상 적고 찬 음식에 잘 녹아 다이어트 중에 많이 사용된다. 꿀은 설탕과 비슷한 칼로리이므로 다이어트 중에는 많이 사용하지 않도록 한다.

건강 up
자몽은 과육 색깔이 핑크색인 것보다 하얀색인 것이 과즙이 많고 당도가 낮아 다이어트 중에 좋다. 자몽 껍질의 흰색 섬유질은 모세혈관을 강화하는 비타민 성분이 들어 있으므로 제거하지 않고 요리한다.

1인분 6.5kcal

아이스티

레몬향을 섞어 텁텁한 입안을 개운하게 해줄 홍차를 만들어보세요.
운동 후 마시면 홍차의 카페인이 지방 연소에 도움을 준답니다.

 50kcal 이하

재료(2인분)
홍차 티백 1개, 레몬 20g, 따뜻한 물 ½컵, 생수 1컵, 조각얼음 ½컵

1 홍차 우리기
따뜻한 물에 홍차 티백을 1~2분 정도 담갔다가 진하게 우러나면 티백을 건져낸다.

2 레몬 슬라이스하기
레몬은 얄팍하게 슬라이스한다.

3 글라스에 담기
글라스에 조각얼음을 담고 우려낸 홍차와 레몬을 넣어 고루 섞어 레몬향이 퍼지도록 한다. 민트잎이 있으면 한두 장 얹어 향을 더한다.

 맛 up
레몬은 홍차에 부족한 비타민을 보충하기에 좋은 식품이다. 슬라이스 대신 즙을 내어 섞어도 레몬향이 진한 아이스티를 즐길 수 있다. 텁텁한 입안을 개운하게 해준다.

 칼로리 down
아이스티 자체가 칼로리가 적기 때문에 단맛을 조금 원하면 올리고당을 추가해도 되지만 밀크티처럼 우유를 섞어 마시면 칼로리가 크게 높아지므로 주의한다.

 건강 up
홍차는 커피만큼은 아니지만 카페인이 있기 때문에 수면을 방해할 수 있어 저녁에는 피하는 것이 좋다. 하지만 카페인이 지방 연소에 도움이 되기 때문에 운동 후 마시는 것은 도움이 된다.

MENU 2
가볍고 부담 없게
50~100kcal 레시피

언제나 부담 없이 즐길 수 있는
50~100kcal의 요리들만 모아보았어요.

1인분 98kcal

미니파프리카카나페

때론 늘 먹던 빵 대신 파프리카로 카나페를 만들어보세요.
참치나 맛살로 토핑을 만들면 식감도 좋고 담백해 색다른 카나페를 즐길 수 있어요.

50~100 kcal

재료(2인분)
미니파프리카 100g, 무순 20g
참치토핑 참치통조림 40g, 다진 양파 1큰술, 플레인요구르트 1큰술, 소금·후춧가루 약간씩
맛살토핑 맛살 30g, 오이 30g, 다진 마늘 ½작은술, 식초 ½큰술, 씨겨자 ½큰술, 소금 약간

1 파프리카 준비하기
미니파프리카는 꼭지를 자르고 길이로 반 갈라 소를 채우기 편할 정도로만 속을 살짝 정리한다.

2 참치토핑 만들기
참치통조림의 기름을 빼고 곱게 으깬 후 다진 양파, 플레인 요구르트, 소금과 후춧가루를 넣어 양념한다.

3 맛살토핑 만들기
맛살은 결대로 찢어 3cm 길이로 자르고 오이도 파란 부분만 돌려 깎아 곱게 채썰어 다진 마늘과 식초, 씨겨자, 소금 등으로 양념한다.

4 토핑 얹기
파프리카 위에 만든 토핑을 적당히 덜어 가볍게 눌러 담는다.

5 접시에 얹기
접시에 씻어 물기 턴 무순을 펼쳐 담고 그 위에 카나페를 올린다.

맛 up
파프리카에 만든 토핑을 채울 때는 작은 스푼으로 속까지 잘 채워 한 개를 먹더라도 푸짐한 느낌이 나도록 한다.

칼로리 down
파프리카보다 참치통조림의 칼로리가 높기 때문에 통조림의 기름을 거즈로 꽉 짜면 칼로리를 줄일 수 있다. 최근에는 참치통조림도 라이트 상품들이 많아 기름 없이 즐길 수 있다.

건강 up
파프리카 속에 있는 씨에는 지방 연소에 도움을 주는 매운맛의 캡사이신 성분이 많이 들어 있기 때문에 요리 시 완전히 없애지 않는 것이 좋다.

1인분 73.5kcal

양송이마늘꼬치구이

양송이와 마늘을 번갈아 끼운 꼬치구이는 보기만 해도 군침 돌아요.
양송이는 살짝 구워야 더 고소하고, 마늘은 충분히 익혀야 맛이 좋아요.

50~100 kcal

재료(2인분)
양송이 130g, 통마늘 50g, 올리브유 1작은술, 참기름 ½작은술, 소금 약간

1 양송이 자르기
양송이는 껍질을 벗기고 반으로 자른다.

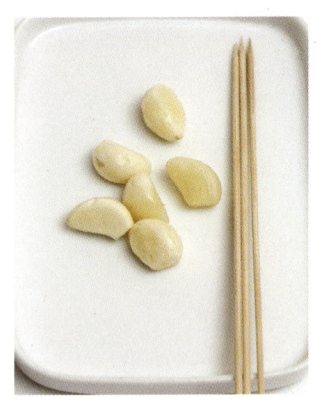

2 마늘 준비하기
마늘은 너무 굵지 않은 것으로 준비해 씻어 물기를 뺀다.

3 꼬치에 끼우기
꼬치에 양송이와 마늘을 한 개씩 꿴다.

4 굽기
달군 팬에 올리브유를 두르고 타지 않게 뒤집어가며 굽는다. 참기름에 소금을 약간 넣어 만든 기름장을 곁들여 먹는다.

맛 up
양송이버섯은 생으로 먹어도 맛있지만 살짝 구워야 아삭하면서도 고소한 맛을 고스란히 즐길 수 있다. 버섯은 살짝 익히면 되는데 마늘은 충분히 익어야 맛있으므로 버섯과 익는 시간을 맞추기 위해 마늘 쪽이 너무 굵지 않은 것으로 준비한다.

칼로리 down
올리브유에도 고소한 맛이 나기 때문에 참기름 사용을 줄이고 참깨를 조금 첨가하면 칼로리를 줄일 수 있다.

건강 up
마늘에 있는 알리신은 탄수화물 대사를 증가시키는 티아민의 흡수를 촉진시키기 때문에 돼지고기와 함께 먹으면 좋다. 마늘의 항암 효과는 열을 가하면 점점 떨어지므로 지나치게 열을 가하지 않는다.

1인분 54.5kcal

도토리묵무침

칼로리가 적은 도토리는 간식으로 제격이에요.
기름을 줄이고 양념을 약하게 하면 더욱 담백한 맛을 느낄 수 있어요.

50~100 kcal

재료(2인분)
도토리묵 200g, 깻잎 10g, 당근 20g, 양파 10g
양념 고춧가루 ½작은술, 들깨 ½작은술, 다진 마늘 ½작은술, 올리고당 ½작은술, 소금·후춧가루 약간씩

1 도토리묵 준비하기
도토리묵은 씻어 물기를 닦고 한입에 먹기 좋은 크기로 네모지게 자른다.

2 채소 썰기
깻잎과 당근, 양파는 손질해 굵직하게 채썬다.

3 양념 만들기
넓은 그릇에 분량의 양념 재료를 넣고 고루 섞는다.

4 섞기
양념에 깻잎과 당근, 양파를 먼저 넣고 가볍게 버무린 후 도토리묵을 넣어 부서지지 않도록 고루 섞는다.

맛 up
도토리묵의 쌉쌀한 맛과 진한 양념이 어우러진 도토리묵무침은 술안주나 야식으로 즐기는 음식 중 하나이다. 다이어트 중에는 양념을 약하게 해 담백한 맛을 즐긴다.

칼로리 down
도토리묵과 채소 자체는 칼로리가 적은데 맛을 증가시키기 위해 참기름이나 들기름을 많이 사용하면서 칼로리가 높아질 수 있다. 기름 대신 참깨나 들깨를 사용하면 칼로리를 줄이고 담백한 맛을 유지할 수 있다.

건강 up
탄수화물이 풍부한 도토리묵은 비타민이 부족하기 때문에 채소와 곁들여 먹는 것이 좋다. 또 나트륨이 칼륨보다 많기 때문에 칼륨이 풍부한 미역과 같이 먹어도 좋다.

1인분 79.5kcal

두부김치구이

신김치는 양념을 더하지 않아도 맛이 나는 최고의 음식 재료이지요.
두부에 신김치를 더한 요리는 두부의 고소함과 김치의 칼칼함이 잘 어우러져 더욱 군침 돌지요.

50~100 kcal

재료(2인분)
두부 100g, 배추김치 30g, 실파 5g, 달걀 20g, 올리브유 1작은술, 후춧가루 약간

1 두부 썰기
두부는 손바닥 반 정도 크기의 길쭉하고 네모진 장방형으로 썰어 종이타월로 물기를 닦는다.

2 배추김치 썰기
배추김치는 적당히 신 것으로 준비해 속을 대충 털어 송송 썰고 실파도 송송 썬다.

3 두부 위에 김치와 실파 얹기
두부 위에 김치와 실파를 적당히 덜어 얹고 가볍게 눌러주어 밀착시킨다.

4 굽기
달군 팬에 올리브유를 약간 두르고 두부를 넣은 후 곱게 푼 달걀물을 김치 위에 바르듯 끼얹어 굽는다. 한 면이 익으면 뒤집어 다른 면도 노르스름하게 굽는다.

맛 up
두부는 약간 단단한 조림용으로 준비한다. 신김치는 따로 양념을 더하지 않아도 맛이 나고 또 익히면 더 맛이 좋으므로 적당히 신김치로 준비한다.

칼로리 down
두부의 양을 줄이고 김치의 양을 늘리면 칼로리를 줄일 수 있다. 코팅이 잘된 두꺼운 팬을 사용하면 올리브유를 적게 사용하게 돼 칼로리를 줄일 수 있다.

건강 up
김치는 숙성되면서 락토바실러스 젖산균이 증가하여 면역 활성 기능이 높아지기 때문에 항암 효과도 기대할 수 있다. 하지만 김치가 너무 시어 군내가 나면 산패균이 증식하게 되므로 사용하지 않는다.

1인분 87kcal

조갯살청국장찌개

청국장 속의 낫토키나아제는 혈전을 예방하는 효과가 있어요.
저녁에 청국장 요리를 먹으면 뇌경색이나 심근경색의 위험을 줄일 수 있지요.

50~100 kcal

재료(2인분)
청국장 30g, 조갯살 50g, 두부 50g, 무 30g, 풋고추 10g, 멸치다시마육수 3컵, 고춧가루 ½작은술, 다진 마늘 ½작은술, 소금 약간

1 조갯살 준비하기
조갯살은 체에 밭쳐 살살 흔들어 씻어 물기를 뺀다.

2 두부와 채소 썰기
두부는 한입에 먹기 좋은 크기로 네모지게 자르고 무는 네모지게 저며 썬다. 풋고추는 송송 썬다.

3 청국장 준비하기
청국장에 고춧가루와 다진 마늘을 넣어 고루 섞는다.

4 끓이기
냄비에 육수를 붓고 조갯살과 두부, 무를 넣어 한소끔 팔팔 끓인다.

5 청국장 넣기
조갯살이 익으면 양념한 청국장을 넣고 5분 정도 더 끓인다. 간이 모자라면 소금을 약간 넣는다.

맛 up
청국장은 구수한 향이 돌아 입맛을 더 돋운다. 약간 심심하게 간해 찌개에 들어 있는 콩과 채소 등 건더기를 더 많이 먹을 수 있도록 요리한다.

칼로리 down
청국장은 콩을 발효한 식품이기 때문에 칼로리를 줄이려면 두부의 양을 줄인다. 두부 역시 부드러운 두부가 칼로리가 적으니 순두부나 연두부로 바꾸면 좋다.

건강 up
청국장 속에 있는 끈적끈적한 실 같은 성분에는 낫토키나아제 효소가 들어 있어 혈전을 예방한다. 혈전은 아침보다 밤에 많이 생긴다. 뇌경색이나 심근경색의 위험이 있는 경우에는 저녁식사에 먹도록 한다.

1인분 90kcal

문어오이초회

문어는 우수한 고단백 식품이에요. 특유의 알싸한 맛이 나는 와사비에
올리고당과 식초를 넣은 소스에 버무려 먹으면 입안이 개운해지죠.

50~100 kcal

재료(2인분)
데친 문어 150g, 오이 70g, 양파 20g, 미나리 20g
와사비소스 와사비 ½작은술, 올리고당 ½작은술, 식초 ½작은술, 다진 마늘 ¼작은술, 소금 약간

1 문어 썰기
데친 문어를 다시 한 번 끓는 물에 살짝 데친 후 얄팍하게 저며 썬다.

2 채소 썰기
오이는 껍질째 깨끗하게 씻어 채썰고 양파도 곱게 채썬다. 미나리는 오이와 비슷한 길이로 자른다.

3 와사비소스 만들기
와사비에 올리고당, 식초, 다진 마늘, 소금을 넣어 고루 섞는다.

4 버무리기
문어와 오이, 양파를 그릇에 담고 소스를 넣어 가볍게 버무린다.

맛 up
와사비는 특유의 알싸한 맛이 나 올리고당과 식초 등을 넣으면 입안이 개운해지는 소스를 만들 수 있다. 와사비 대신 겨자를 이용해도 되고 식초 대신 레몬을 저며 넣거나 즙을 넣으면 싱그러운 맛을 더할 수 있다.

칼로리 down
문어의 양을 줄이고 오이, 미나리 등의 채소를 추가하면 칼로리를 줄일 수 있다. 또한 식초 대신 감식초를 사용하면 올리고당 사용량을 줄일 수 있어 총칼로리를 줄일 수 있다.

건강 up
문어는 지방과 탄수화물이 적고 단백질이 많은 우수한 고단백 식품이며 칼륨이 풍부해서 고혈압 환자에게 좋다. 양념장에 찍어 먹을 때는 문어 양쪽을 다 찍지 말고 한쪽만 찍어서 염분 섭취를 줄이도록 한다.

1인분 74.5kcal

청포묵참치살소보로

다이어트 중 기력이 떨어질 땐 마를 갈아 먹으면 좋아요.
청포묵에 참치를 곁들여 간 마와 함께 먹으면 새로운 맛을 느낄 수 있어요.

50~100 kcal

재료(2인분)
청포묵 150g, 냉동참치 50g, 마 15g, 실파 3g, 와사비간장 ½큰술, 깨소금 ½작은술, 소금 약간

1 청포묵 자르기
청포묵은 사방 2~3cm 크기의 네모 모양으로 자른다.

2 참치 썰기
참치는 소금을 약간 넣은 미지근한 물에 담가 해동한 후 손톱만 한 크기로 썬다.

3 마 갈기
마는 껍질을 벗긴 후 강판에 곱게 간다.

4 실파 섞기
간 마에 송송 썬 실파를 넣어 가볍게 섞는다.

5 묵 위에 올리기
청포묵 위에 참치를 얹고 간 마와 와사비간장을 끼얹는다. 와사비간장은 간장에 와사비를 손톱만큼 넣어 섞어 만든다.

맛 up
청포묵은 주로 볶음으로 많이 이용되는 재료 중에 하나이다. 생으로 먹어도 좋은데 참치와 간 마를 얹어 먹으면 새로운 맛을 즐길 수 있다. 청포묵을 더욱 부드럽게 즐기려면 끓는 물에 살짝 데친다.

칼로리 down
참치는 뱃살이 등살에 비해 지방이 아주 많으므로 뱃살 부위는 피하도록 한다.

건강 up
필수아미노산이 많은 알칼리성 식품인 마는 익혀 먹지 않아도 소화가 잘 된다. 갈아서 먹을수록 효소작용이 증가하기 때문에 강판에 곱게 갈아서 조리하면 좋다.

1인분 50.5kcal

실곤약부추간장비빔

제로칼로리에 가까운 실곤약, 다이어트할 때 가까이 하면 좋겠지요?
냉면이나 국수 대신 사용해도 좋고, 육수를 부어 먹어도 맛있어요.

50~100
kcal

재료(2인분)
실곤약 250g, 당근 20g, 팽이버섯 20g
부추간장 부추 20g, 간장 ½큰술, 참기름 ½작은술, 깨소금 ½작은술, 다진 마늘 ⅓작은술, 후춧가루 약간

1 실곤약 데치기
실곤약은 끓는 물에 살짝 데쳐 건진다.

2 채소 썰기
당근은 손질해 채썰고 팽이버섯은 밑동을 자른다.

3 부추간장 만들기
부추는 손질해 송송 썬 후 분량의 양념을 섞어 부추간장을 만든다.

4 접시에 담기
당근과 팽이버섯을 적당히 덜어 실곤약으로 돌돌 말아 접시에 담고 부추간장을 곁들인다.

맛 up
실곤약은 냉면이나 국수 대신 사용하기에 좋다. 실곤약을 차게 해서 먹거나 따뜻한 육수를 부어 먹어도 맛있다. 육수는 멸치다시마육수로 2~3컵 정도 준비한다.

칼로리 down
참기름의 칼로리가 걱정된다면 참깨와 섞어서 칼로리를 줄인다. 또한 저염간장을 사용하여 싱겁게 먹으면 식사량을 줄일 수 있어 칼로리를 줄일 수 있다.

건강 up
부추는 파와 비슷하면서도 칼슘이 많이 함유된 대표적인 알칼리성 식품으로 비타민 C가 풍부하다. 조직이 부드럽기 때문에 흐르는 물에 살살 씻어서 비타민 C를 보호한다.

1인분 98.5kcal

감자양파닭고기샐러드

감자와 닭가슴살이 어우러져 칼로리는 낮지만 한 끼 식사로도 좋은 샐러드예요.
감자의 혈당지수를 낮추려면 양파를 살짝만 익혀야 한답니다.

50~100 kcal

재료(2인분)
감자 150g, 양파 60g, 닭가슴살 50g, 레몬 10g, 통마늘 5g, 머스터드소스 1작은술,
카놀라유 ½작은술, 로즈메리 약간

1 채소 썰기
감자는 껍질째 씻어 반달 모양으로 도톰하게 저며 썰고 양파는 굵직하게 채썬다.

2 닭고기 삶기
닭고기는 슬라이스한 레몬과 통마늘을 넣어 푹 삶는다.

3 머스터드소스 넣기
삶은 닭고기는 한 김 식힌 후 결대로 찢어 머스터드소스로 버무린다.

4 굽기
달군 팬에 카놀라유를 두르고 감자와 양파를 넣어 중불에서 뚜껑을 덮어 노르스름하게 굽는다.

5 접시에 담기
구운 감자와 양파를 접시에 담고 머스터드소스로 버무린 닭고기를 얹는다. 로즈메리를 약간 얹어 향을 더한다.

맛 up

감자는 껍질째 먹으면 좋지만 익숙하지 않다면 씹을 때 껍질의 식감이 덜 느껴지도록 얄팍하게 저며 썬다. 감자는 전분 때문에 불에 잘 타므로 물에 살짝 담갔다가 건진 후 조리하면 좋다.

칼로리 down

카놀라유는 오메가3, 오메가6 등의 불포화지방산이 많으면서 포화지방산은 제일 적은 식용유이다. 그래도 카놀라유 사용량을 줄이고 싶다면 두께가 두껍고 코팅이 잘된 팬을 충분히 달군 후 조리하면 된다.

건강 up

감자는 저칼로리 식품이지만 인슐린 분비량을 증가시키는 혈당지수가 높은 식품이다. 감자를 조리할 때는 양파를 같이 넣으면 양파의 유화프로필 성분이 혈당을 줄여준다. 이때 양파에 열을 많이 가하지 않아야 유효성분을 지킬 수 있다. 생양파의 느낌을 살리도록 조리한다.

1인분 92.5kcal

오징어미역무침

쫄깃쫄깃 오징어는 대표적인 저칼로리 음식 중 하나지요.
혹 콜레스테롤이 걱정된다면 껍질을 벗긴 후 요리하면 된답니다.

50~100 kcal

재료(2인분)
오징어 150g, 불린 미역 50g, 당근 30g, 풋고추 30g, 양파 20g
양념 간장 ½큰술, 다진 마늘 ½작은술, 참기름 ½작은술, 깨소금 ½작은술, 소금 약간

1 오징어 준비하기
오징어는 껍질을 벗기고 끓는 물에 소금을 약간 넣어 데친다. 데친 오징어는 먹기 좋은 크기로 자른다.

2 미역 자르기
불린 미역은 물기를 짜내고 먹기 좋은 크기로 자른다.

3 채소 썰기
당근과 풋고추, 양파는 굵직하게 채썬다.

4 양념과 섞기
넓은 그릇에 분량의 양념 재료를 넣어 섞은 후 오징어와 미역, 당근, 풋고추, 양파 등을 넣어 버무린다.

맛 up
오징어와 미역을 넣고 무칠 때 식초를 넣어야 산뜻하고 맛있다. 단 먹기 직전에 넣어야 미역의 색이 죽지 않는다.

칼로리 down
오징어는 지방 함량이 매우 적은 대표적인 저칼로리 식품이지만 생오징어 껍질은 콜레스테롤이 많기 때문에 벗겨서 조리하는 것이 좋다. 특히 튀김 요리를 할 때는 반드시 껍질을 벗겨서 사용한다.

건강 up
건오징어의 껍질에 있는 타우린 성분은 피로 해소에 아주 좋으며 콜레스테롤을 감소시키는 역할을 한다. 육류요리를 할 때 마른오징어 껍질에 있는 흰색 가루를 넣으면 콜레스테롤 섭취를 줄일 수 있다.

1인분 74kcal

무해파리샐러드

야들야들 해파리는 새콤하게 양념해서 먹으면 더 맛있어요.
해파리는 단백질이 좀 부족한데 닭가슴살을 같이 곁들이면 영양균형을 맞출 수 있어
한 끼 식사로도 좋답니다.

50~100 kcal

재료(2인분)
무 70g, 해파리 80g, 무순 30g
양념 간장 1작은술, 레몬즙 1작은술, 겨자 2작은술, 올리고당 1큰술, 현미식초 1큰술,
다진 마늘 ¼작은술, 소금 약간

1 무 채썰기
무는 껍질째 씻어 곱게 채 썬다. 소금을 약간 뿌려 5분 정도 절인 후 가볍게 물기를 짠다.

2 해파리 썰기
해파리는 끓는 물에 데쳐 찬물에 헹군 후 적당한 크기로 자른다.

3 무순 준비하기
무순은 맑은 물에 담가 살살 흔들어 씻은 후 건져 물기를 뺀다.

4 양념하기
그릇에 분량의 양념 재료를 넣어 고루 섞은 후 해파리와 무, 무순을 넣어 가볍게 버무린다. 모자라는 간은 소금으로 맞춘다.

맛 up
새콤달콤한 맛이 적절하게 어우러지도록 간하는 것이 중요하다. 무는 채 썰어 그대로 조리해도 되지만 소금에 살짝 절이면 해파리와 더 잘 어우러져 한결 맛있다.

칼로리 down
해파리나 무는 칼로리가 적으므로 추가하는 양념에 따라 칼로리가 증가할 수 있다. 설탕보다 칼로리가 40%나 적은 올리고당을 넣거나 배즙을 조금 갈아 넣으면 단맛을 내면서도 칼로리를 줄일 수 있다.

건강 up
해파리는 지방이 거의 없는 저칼로리 식품이지만 단백질이 부족하기 때문에 해파리샐러드를 만들 때 새우나 닭가슴살처럼 단백질이 풍부한 식품을 더해주면 한 끼 식사로 균형을 맞출 수 있다.

1인분 69kcal

연두부조개탕

조개탕은 언제 먹어도 깔끔하고 시원한 맛을 느낄 수 있어요.
식물성단백질인 두부를 넣어 영양을 맞추면 영양만점 요리가 된답니다.

50~100 kcal

재료(2인분)
연두부 150g, 바지락 100g, 풋고추 10g, 다진 마늘 ½작은술, 맛술 ½작은술, 물 2컵, 대파 ½뿌리, 소금·후춧가루 약간

1 바지락 끓이기
바지락을 깨끗이 씻어 냄비에 담고 씻은 대파와 물을 넣어 조개가 입을 벌릴 때까지 푹 끓인다.

2 국물 거르기
바지락은 건지고 국물은 고운 체에 거른다.

3 국물 끓이기
냄비나 뚝배기에 조개 삶은 국물을 1컵 반 정도 따라 붓고 연두부와 다진 마늘을 넣어 4~5분 정도 끓인다.

4 간 맞추기
불에서 내리기 전에 삶은 조개와 송송 썬 풋고추, 다진 마늘과 맛술을 넣어 맛을 내고, 소금과 후춧가루를 약간씩 넣어 간을 맞춘다.

맛 up
시원하고 깔끔한 맛으로 즐기는 음식이지만 풋고추 대신 청양고추를 송송 썰어 넣어 매운맛을 더해도 좋다. 고춧가루를 약간 뿌려 칼칼한 맛을 즐겨도 좋다.

칼로리 down
연두부는 고형식 두부에 비해 칼로리가 절반 정도로 적기 때문에 부담 없이 먹을 수 있다. 바지락도 저칼로리 식품이지만 칼로리가 조금 더 낮은 모시조개로 바꿔도 좋다.

건강 up
연두부조개탕은 두부의 식물성단백질과 바지락의 동물성단백질을 같이 섭취할 수 있기 때문에 따로 단백질 반찬을 추가해서 먹을 필요가 없다. 기호에 따라 채소를 조금 더 넣어 비타민 섭취를 늘린다.

1인분 75kcal

새우깨소스샐러드

새우의 콜레스테롤은 나쁜 콜레스테롤을 없애주는 좋은 녀석이에요.
되도록 튀기지 말고 데쳐서 깨소스와 함께 먹으면 고소한 향과 맛을 더할 수 있어요.

50~100 kcal

재료(2인분)
중하 100g, 브로콜리 40g, 양상추 40g, 토마토 40g, 소금 약간
깨소스 통깨 1작은술, 양파 10g, 사과 20g, 식초·설탕 1작은술씩, 생수 3큰술, 소금 약간

1 중하 다듬기
중하는 끓는 물에 소금을 약간 넣어 데친 후 얼음물에 담가 식힌다. 머리와 꼬리, 껍질을 모두 벗기고 등 쪽으로 칼을 넣어 반으로 저민다.

2 브로콜리 데치기
브로콜리는 작은 송이로 잘라 끓는 물에 데친 후 찬물에 헹궈 건진다.

3 채소 썰기
양상추는 씻어 굵직하게 채 썰고 토마토는 얄팍하게 저며 썬다.

4 깨소스 만들기
분량의 깨소스 재료를 믹서에 넣어 곱게 간다.

5 접시에 담기
접시에 중하와 브로콜리, 양상추를 담고 깨소스를 끼얹는다.

맛 up
깨소스를 만들 때 잣을 서너 알 넣으면 고소한 향과 맛을 더할 수 있다. 검은깨와 섞어서 만들면 음식에 색을 더할 수 있어 좋다.

칼로리 down
깨소스를 만들 때 설탕 대신 올리고당을 넣으면 칼로리를 줄일 수 있다. 새우의 양을 줄이고 채소의 양을 늘려서 칼로리를 줄여도 좋다.

건강 up
새우에는 동맥경화의 원인이 되는 나쁜 LDL 콜레스테롤이 아니라 나쁜 콜레스테롤을 줄여주는 좋은 HDL 콜레스테롤이 많다. 되도록 튀기거나 고지방 식품과 함께 먹지 말고 데쳐서 먹는다.

MENU 3

부담 없지만 풍성한
100~200kcal 레시피

영양만점의 건강 재료로 간단하게 조리하여 언제든지
가볍게 즐길 수 있는 100~200kcal 요리들이에요.

1인분 159kcal

훈제연어무쌈

부드러운 식감을 자랑하는 훈제연어는 그 깔끔한 맛 때문에 참 좋아해요.
무와 모둠싹을 연어로 감싸 먹으면 아삭함과 부드러움이 어우러져 최고의 만찬을 즐기는 느낌이 들지요.

100~200 kcal

재료(2인분)
슬라이스 훈제연어 150g, 무 80g, 모둠싹 20g
소스 양파 20g, 케이퍼 10g, 머스터드소스 ½큰술, 씨겨자 ½작은술, 올리고당 ⅓작은술,
소금 약간

1 훈제연어 해동하기
냉동된 슬라이스 훈제연어는 미리 냉장고에 넣어 해동시킨다.

2 무 채썰기
무는 껍질째 씻어 너무 굵지 않게 채썰고 모둠싹도 체에 담아 흐르는 물에 살짝 씻어 물기를 뺀다.

3 소스 만들기
양파는 곱게 다지고 케이퍼와 머스터드소스, 씨겨자 등 준비한 재료를 한데 담고 고루 섞어 소스를 만든다.

4 연어 쌈 싸기
해동한 연어에 무와 모둠싹을 적당히 덜어 돌돌 말아 접시에 담고 준비한 소스를 뿌린다.

맛 up
훈제연어무쌈을 좀 더 푸짐하게 즐기고 싶다면 양상추나 어린잎채소 등을 준비해 샐러드로 만들어도 좋다.

칼로리 down
심혈관질환에 좋은 DHA, EPA 등의 오메가3지방산이 많은 연어는 칼로리가 높은 편이라서 연어의 양을 줄이면 칼로리를 줄일 수 있다. 훈제연어 자체에 지방이 많기 때문에 요리할 때 따로 기름을 넣지 않는다.

건강 up
오메가3지방산이 많은 다른 생선들에 비해서 비린내가 없어 먹기 편한 연어는 훈제로 가공 처리할 때 나트륨이 많이 첨가되기 때문에 칼륨이 많은 채소와 같이 먹는 것이 좋다.

1인분 148.5kcal

대구살팬구이

마늘과 함께 대구살을 살짝 구워 먹으면 면역력이 좋아지고 단백질도 보충되어 영양균형을 맞출 수 있어요. 생선의 비린내가 걱정이라면 레몬즙을 살짝 뿌려보세요.

100~200 kcal

재료(2인분)
대구살 200g, 마늘종 50g, 마늘 3쪽, 카놀라유 ½큰술, 맛술 1큰술, 소금·후춧가루 약간씩

1 대구 간하기
대구는 살만 포 뜬 것으로 준비해 맛술과 소금을 뿌려 약하게 간한다.

2 마늘종 준비하기
마늘종은 3~4cm 길이로 잘라 끓는 물에 데쳐 건지고 마늘은 도톰하게 저민다.

3 대구살 굽기
달군 팬에 카놀라유를 두르고 대구살을 넣어 타지 않게 중불로 은근하게 굽는다.

4 맛내기
대구살이 익을 무렵 데친 마늘종과 저며 썬 마늘을 넣고 마저 익힌 후 후춧가루를 약간 뿌려 맛을 낸다.

맛 up
레몬즙을 살짝 뿌리면 레몬향이 더해져 비린내가 가시는 것은 물론 입안까지 상큼하게 해준다.

칼로리 down
불포화지방산이 많으면서 포화지방산이 제일 적은 식용유인 카놀라유는 다이어트할 때 많이 사용된다. 그래도 기름 사용량을 줄이고 싶다면 두께가 있고 코팅이 잘된 팬을 충분히 달구어 사용한다.

건강 up
마늘의 꽃줄기에 해당되는 마늘종에도 마늘에 들어 있는 알리신 성분이 있어 항암 효과와 면역력 증가 효과가 있다. 마늘종에 거의 없는 단백질을 보충하기 위해 대구살이나 마른 새우 등을 넣으면 영양균형을 맞출 수 있다.

1인분 120kcal

어묵무탕

남녀노소 누구나 좋아하는 간식 중 하나가 어묵일 거예요. 그런데 칼로리가 살짝 걱정되지요?
끓는 물에 데쳐 기름기를 뺀 후 요리하면 칼로리를 줄일 수 있어요.

100~200 kcal

재료(2인분)
어묵 150g, 무 50g, 다시마 5×5cm 크기 1장, 멸치다시마육수 3컵, 국간장 ½작은술, 후춧가루 약간

1 어묵 데치기
어묵은 다양한 모양으로 준비해 한입에 먹기 좋은 크기로 잘라 끓는 물에 데쳐 기름기를 뺀다.

2 무 깍둑썰기
무는 도톰하고 네모지게 깍두기 모양으로 썬다.

3 다시마 자르기
다시마는 물에 잠시 담갔다가 건져 길쭉하게 자르거나 네모지게 자른다.

4 끓이기
육수와 무, 다시마를 넣어 한소끔 먼저 끓이다가 어묵을 넣고 부드러워지도록 6~7분 정도 끓인다. 국간장과 후춧가루로 약하게 간한다.

맛 up
취향에 따라 대파나 청경채, 두부 등의 재료를 더해 맛을 풍부하게 하거나 곤약이나 유부 등을 넣어 건지의 다양성을 꾀해도 좋다. 하지만 유부는 끓는 물에 살짝 데쳐 기름기를 뺀 후 조리해야 깔끔하다.

칼로리 down
어묵요리를 하기 전에 끓는 물에 어묵을 넣고 데치면 어묵의 기름기를 뺄 수 있다. 일반 어묵보다 고급 수제어묵이 기름기가 적어 칼로리를 줄일 수 있고 채소가 들어간 어묵이 칼로리가 적다.

건강 up
어묵은 생선살과 밀가루를 섞어서 튀긴 것이기 때문에 칼로리가 일반 생선에 비해 높은 편이다. 어묵의 기름기를 뺄 때 녹차 1작은술을 끓는 물에 넣어서 녹차의 카테킨 성분이 어묵에 스며들도록 하여 건강식 어묵을 만들어보자. 어묵 자체에 간이 되어 있기 때문에 간은 저염간장으로 조금만 한다.

1인분 187.5kcal

고구마요구르트범벅

식이섬유가 풍부한 고구마는 대표적인 건강식품이에요.
새콤한 요구르트와 함께 시나몬파우더를 살짝 뿌려 입맛을 돋워보세요.

100~200 kcal

재료(2인분)
고구마 200g, 호두 10g, 요구르트 40g, 시나몬파우더 1작은술

1 고구마 찌기
고구마는 껍질째 씻어 큼직하게 잘라 속이 충분히 무르도록 찐다.

2 호두 으깨기
도마 위에 종이타월을 깔고 호두를 얹어 굵직하게 으깬다.

3 고구마 으깨기
넓은 그릇에 완전히 익힌 고구마를 넣고 껍질째 굵직하게 으깬다.

4 버무리기
고구마에 호두와 요구르트를 넣어 버무린 후 시나몬파우더를 넣어 향을 더한다.

맛 up
다이어트를 걱정하지 않는다면 꿀이나 시럽 등을 넣어 단맛을 내면 더욱 맛있는 음식이다. 시나몬파우더는 입맛을 돋우는 향으로 음식을 더욱 맛있게 즐길 수 있다.

칼로리 down
요구르트는 액상요구르트가 떠 먹는 호상요구르트에 비해 칼로리가 적기 때문에 저지방액상요구르트를 선택한다.

건강 up
고구마는 감자에 비해 칼로리가 높지만 식이섬유가 많고 혈당지수가 낮은 건강식품이다. 고구마를 찔 때 나오는 액체인 수지배당체는 배변을 촉진하고 장내 유해물질을 제거하는 데 효과가 있다. 특히 껍질째 먹으면 좋다.

1인분 147.5kcal

대구무맑은탕

대구와 무를 넣어 시원한 국물맛을 내었어요.
여기에 레몬을 넣으면 간을 덜해도 맛이 나고 훨씬 산뜻하면서도 깔끔한 맛을 즐길 수 있어요.

 100~200 kcal

재료(2인분)
대구 250g(큰 토막으로 3개 정도), 무 100g, 두부 40g, 레몬 ⅓개, 다진 마늘 ½작은술, 대파 10g, 소금·후춧가루 약간씩, 멸치다시마육수 2컵

1 대구 손질하기
대구는 깨끗하게 손질해 4~5cm 크기로 토막 썬 후 소금을 약간 뿌려 놓는다.

2 채소와 두부 준비하기
무는 껍질째 씻어 납작하고 네모지게 자르고 두부는 깍둑썰기하고 대파는 어슷하게 썬다.

3 끓이기
냄비에 육수를 담고 무를 먼저 넣어 한소끔 끓이다가 무가 떠오르면 대구를 넣어 살이 익도록 끓인다.

4 간 맞추기
탕이 어느 정도 끓으면 레몬과 다진 마늘을 넣은 후 소금과 후춧가루로 간을 맞춘다. 불에서 내린 후 대파를 넣어 색을 더한다.

맛 up
대구나 생태, 도미 등 흰살생선을 이용해 맑은 탕을 끓일 때 레몬을 넣으면 약간 심심하게 간을 해도 덜 싱겁게 느껴지는 데다 향이 더해져 훨씬 산뜻하고 깔끔한 맛을 즐길 수 있다.

칼로리 down
흰살생선인 대구는 저지방 고단백 식품이지만 그래도 칼로리를 줄이고 싶다면 대구의 양을 줄이고 미나리나 양파 등 채소의 양을 늘린다.

건강 up
멸치다시마육수 자체가 짠맛이 있기 때문에 소금을 최대한 적게 넣는다. 꼭 필요하면 저염소금을 사용해야 고혈압 예방에 좋다.

1인분 100kcal

모둠채소잡채

몸에 좋다는 채소는 모두 모아 입맛 당기는 잡채를 만들어보았어요.
채소는 조리 후 바로 먹지 않으면 물이 생겨서 맛이 떨어지는데 끓는 물에 소금을 약간 넣고
살짝 데친 후 건져 볶으면 맛을 오래 유지할 수 있답니다.

100~200 kcal

재료(2인분)
피망 50g, 당근 50g, 양배추 50g, 부추 20g, 양파 20g, 카놀라유 ½큰술,
다진 마늘 ⅓작은술, 진간장 ½작은술, 참기름 ½작은술, 소금·후춧가루 약간씩

1 채소 썰기
피망과 당근, 양배추, 양파는 손질해 굵직하게 채썬다.

2 부추 손질하기
부추는 뿌리를 깨끗하게 손질해 다른 채소와 비슷한 길이로 자른다.

3 볶기
달군 팬에 카놀라유를 두르고 피망과 당근, 양배추, 양파를 넣고 한숨 죽도록 볶다가 다진 마늘과 진간장을 넣어 맛을 낸다.

4 간 맞추기
불에서 내리기 전에 부추를 넣어 가볍게 저은 후 참기름과 소금, 후춧가루로 간을 맞춘다.

맛 up
채소라 조리한 후 곧장 먹지 않으면 식으면서 물이 생기고 색이 변해 맛이 떨어진다. 부추를 제외한 채소를 끓는 물에 소금을 약간 넣어 데친 후 건져 볶으면 겉물이 생기지 않아 맛을 오래 유지할 수 있다.

칼로리 down
채소는 기름에 닿는 표면적이 적을수록 흡수율이 적기 때문에 볶음용은 큼직하게 써는 것이 지방 함량을 줄여 칼로리를 줄일 수 있는 방법이다.

건강 up
피망은 항산화비타민 A, C, E가 풍부한 채소인데 특히 붉은 피망이 푸른 피망에 비해 항산화비타민을 더 많이 함유하고 있다. 또한 피망 씨에 있는 캡사이신은 지방을 태우는 효능이 있으니 조리할 때 완전히 제거하지 않고 사용한다.

1인분 121kcal

표고버섯들깨볶음

표고버섯에 들깨를 넣어 볶으면 정말 고소해요. 표고버섯은 말린 것이 영양적으로 우수하니 요리할 때는 꼭 마른 표고버섯을 물에 불려 사용하세요.

재료(2인분)
마른 표고버섯 30g, 양파 50g, 당근 40g, 들깨 10g, 들기름 ½큰술, 진간장 ½작은술, 카놀라유 ½작은술

1 표고버섯 자르기
마른 표고버섯은 미지근한 물에 담가 부드럽게 불린 후 기둥을 자르고 도톰하게 저며 썬다. 표고버섯 불린 물을 ½컵 정도 따로 받아 놓는다.

2 채소 썰기
양파는 손질해 굵직하게 채 썰고 당근은 씻어 반달모양으로 도톰하게 저며 썬다.

3 양념 재기
들깨와 표고버섯 불린 물을 믹서에 넣고 5초 정도 간다. 버섯에 들깻물과 들기름, 진간장을 넣어 버무려 잠시 잰다.

4 볶기
달군 팬에 카놀라유를 두르고 양파와 당근을 먼저 넣고 볶다가 재어 놓은 표고버섯을 넣어 어우러지도록 재빨리 볶는다.

맛 up
들깨는 껍질을 벗기지 않은 것으로 준비해 조리하기 전에 껍질째 갈아 넣으면 더 고소한 향이 난다. 표고버섯 불린 물은 버리지 말고 따로 두었다가 찌개나 국을 끓일 때 사용하면 좋다.

칼로리 down
들깨는 들기름에 비해 칼로리가 적지만 그래도 고지방이기 때문에 들깨 분량을 줄이면 칼로리가 줄어든다.

건강 up
표고버섯은 마른 것이 생것에 비해 영양성분이 우수하다. 버섯의 향은 열에 약하기 때문에 오래 가열하지 않는다.

1인분 156.5kcal

녹차다시마달걀찜

녹차의 카테킨 성분은 지방을 연소시키고 달걀에 많은 콜레스테롤 배설을 촉진시켜요.
달걀찜을 할 때 녹차 우린 물을 넣으면 맛이 깔끔해질 뿐 아니라 건강도 지킬 수 있지요.

100~200 kcal

재료(2인분)
달걀 150g, 맛술 ½작은술, 녹찻잎 2g, 다시마 5×5cm 크기 1장, 물 ½컵, 강낭콩·완두콩 10g씩, 소금 약간

1 다시마 우리기
다시마는 흐르는 물에 씻어 물 ½컵에 담가 부드럽게 우린다. 다시마 우린 물에 녹찻잎을 약간 넣어 우린다.

2 달걀 풀기
달걀에 다시마와 녹차 우린 물을 붓고 맛술과 소금을 넣어 고루 섞는다.

3 강낭콩과 완두콩 데치기
강낭콩과 완두콩을 끓는 물에 살짝 데친 후 건져 찬물에 헹궈 물기를 뺀다.

4 고명 얹기
달걀을 1인용 도자기 그릇이나 컵에 나눠 담고 한 김 오른 찜통에 넣어 5분 정도 찌다가 데친 콩과 우린 다시마 조각을 조금 잘라 고명으로 얹고 5분 정도 더 찐다.

맛 up
녹차가루 대신 녹차 우린 물을 사용해도 된다. 이럴 경우 멸치다시마육수에 녹찻잎이나 티백을 넣어 우려서 사용하는 것이 좋다.

칼로리 down
달걀의 노른자 양을 줄이면 칼로리를 줄일 수 있다. 달걀을 줄여서 분량이 줄면 저지방우유를 조금 넣어서 분량을 맞추면 된다.

건강 up
지방 연소와 콜레스테롤 배설을 촉진하는 녹차의 카테킨을 효율적으로 섭취하려면 티백보다는 잎차나 녹차가루가 좋고 여러 번 우려 먹는 것보다 한번에 1~2회 정도만 우려내야 한다.

1인분 184.5kcal

해물찌개

시원한 국물에 쫄깃한 해산물까지 즐길 수 있는 해물찌개는 영양만점 건강 메뉴예요.
부족한 영양은 무나 쑥갓 등 채소를 듬뿍 넣어 채우세요.

100~200 kcal

재료(2인분)
게 200g, 모시조개 50g, 새우 30g, 무 50g, 새송이버섯 30g, 대파 20g, 쑥갓 20g, 멸치다시마육수 3컵, 된장 1작은술, 고추장 ½작은술
양념 다진 마늘 ½작은술, 국간장 ½작은술, 맛술 ½작은술, 소금·후춧가루 약간씩

1 해물 손질하기
게는 깨끗이 손질해 큼직하게 자르고 오징어는 껍질을 벗겨 먹기 좋은 크기로 자른다. 모시조개는 껍질째 비벼가며 씻고 새우는 통째 준비해 흐르는 물에 씻는다.

2 채소 썰기
무는 큼직하고 네모지게 자르고 새송이버섯은 굵직하게 썬다. 대파는 어슷하게 썰고 쑥갓은 3~4cm 크기로 자른다.

3 끓이기
먼저 육수에 된장과 고추장을 풀어 무를 넣고 동동 떠오를 때까지 끓인다.

4 해물 넣고 맛 내기
손질한 해물을 다 넣고 한 소끔 팔팔 끓인 후 준비한 양념을 모두 넣어 간을 맞춘다. 끓이면서 생기는 거품은 걷어내고 불에서 내리기 전에 버섯과 대파, 쑥갓 등을 넣는다.

맛 up
해물로 찌개를 끓이면 자칫 비린내가 날 수 있는데 국물에 된장이나 고추장을 풀어 넣으면 그 맛을 누그러뜨릴 수 있다. 해물찌개에 부족한 영양과 맛을 더하기 위해 무나 쑥갓 등의 채소를 넣는다.

칼로리 down
해산물의 양을 줄이고 채소의 양을 늘리면 칼로리를 줄일 수 있다. 고추장을 고춧가루로 대체해도 칼로리를 줄일 수 있다.

건강 up
게 껍데기 부분에 많이 함유되어 있는 키토산은 면역력을 강화시키고 혈당을 떨어뜨린다. 또한 콜레스테롤을 낮추어주기 때문에 고지혈증이 있는 경우 게 껍데기를 우린 국물을 같이 먹는 것이 좋다.

1인분 181.5kcal

떡국떡간장떡볶이

다이어트 중에도 떡볶이는 절대 포기할 수 없는 간식이에요.
칼로리가 걱정이라면 얇게 썬 떡국떡과 칼로리가 낮은 간장으로 양념해 담백하게 즐겨보세요.

100~200 kcal

재료(2인분)
떡국떡 100g, 양파 30g, 마른 표고버섯 10g, 카놀라유 ½작은술, 소금·후춧가루 약간씩
간장양념 간장 ½큰술, 참기름 1작은술, 올리고당 1작은술, 다진 마늘 ½작은술

1 떡 준비하기
떡은 물에 살짝 씻어 체에 밭쳐 물기를 빼놓는다.

2 채소 준비하기
마른 표고버섯은 물에 담가 부드럽게 불린 후 기둥을 자르고 도톰하게 저민다. 호박도 도톰하게 썰고, 양파는 굵직하게 채썬다. 표고버섯 우린 물 반 컵은 따로 받아놓는다.

3 간장양념 만들기
달군 냄비에 카놀라유를 두르고 분량의 간장양념 재료를 넣고 표고버섯 우린 물을 부어 한소끔 끓인다.

4 떡 넣기
간장양념에 떡과 호박, 양파, 버섯을 넣어 달달 볶다가 표고버섯 우린 물을 부어 떡이 부드럽게 익도록 저어가며 볶는다. 소금과 후춧가루로 간을 맞춘다.

맛 up
간장양념을 먼저 끓여 맛을 낸 후 떡국떡을 넣고 다양한 채소를 넣으면 맛을 더할 수 있다.

칼로리 down
떡국떡을 사용하면 일반 떡볶이떡보다 칼로리를 줄일 수 있다. 그래도 떡의 칼로리가 걱정된다면 떡의 양을 줄이고 아삭거리는 양배추의 양을 늘린다.

건강 up
저염간장을 사용하거나 조개나 게 삶은 물을 사용해서 간장 사용량을 줄이면 나트륨 섭취를 줄일 수 있다.

MENU 4
속은 든든하게 몸은 가볍게
200~300kcal 레시피

속을 든든하게 채우면서도 날씬하게 즐길 수 있는
200~300kcal 요리들이에요.

1인분 285kcal

미역잡곡밥

매일 같은 종류의 밥이 지겹다면 미역을 넣어 밥을 지어보세요.
해조류 특유의 향으로 입안이 개운해지고, 식이섬유 덕분에 포만감도 금방 느껴 밥의 양을 줄일 수 있답니다.

200~300 kcal

재료(2인분)
모둠 잡곡쌀 100g, 불린 미역 50g, 멸치다시마육수 1½컵
양념장 진간장 ½큰술, 참기름 ½작은술, 맛술 ½작은술

1 잡곡쌀 씻기
모둠 잡곡쌀은 씻어 체에 밭친 후 10분 정도 그대로 둔다.

2 미역 데치기
불린 미역은 끓는 물에 살짝 데친 후 찬물에 헹궈 물기를 빼고 곱게 다진다.

3 밥 짓기
쌀과 미역을 고루 섞어 솥이나 냄비에 담고 육수를 붓는다. 처음에는 센 불에서 익히다가 밥물이 끓어오르면 불을 약하게 줄여 위아래를 한번 섞어 준 후 뜸을 들인다.

4 양념 만들기
밥을 뜸 들일 동안 분량대로 양념을 섞어 밥이 다 되면 곁들인다.

맛 up
미역을 넣어 밥을 지으면 해조류 특유의 향이 느껴져 입안이 개운해진다. 양념장에 다른 재료를 많이 넣지 말고 간장과 참기름만 넣어 해조류의 맛을 그대로 즐기는 것이 좋다. 톳이나 청각, 파래 등을 넣어서 변화를 주어도 좋다.

칼로리 down
미역에 있는 식이섬유가 포만감을 주기 때문에 밥의 양을 줄여 칼로리를 줄일 수 있다. 무심코 넣는 양념장 역시 칼로리가 있으므로 조금만 넣어 심심하게 먹는 것이 좋다.

건강 up
미역은 칼슘이 풍부해서 골다공증의 위험이 높은 중년 여성들에게 좋다. 요오드 성분이 많이 들어 있어 신진대사를 활발하게 하므로 쉽게 살이 찌는 체질인 경우 일반 잡곡밥보다 미역이 들어간 잡곡밥을 먹는 것이 좋다.

1인분 264kcal

부추쌀국수

국수가 먹고 싶을 땐 쌀국수를 활용해보세요. 밀국수에 비해 쫄깃한 맛은 덜하지만 더 담백하고 깔끔하게 즐길 수 있답니다. 물론 영양도 문제없지요.

200~300 kcal

재료(2인분)
쌀국수 120g, 부추 40g, 청양고추 10g, 멸치다시마육수 3컵
양념장 간장 ½큰술, 참기름 ½작은술, 다진 파 ½작은술, 다진 마늘 ½작은술, 깨소금 ½작은술

1 쌀국수 삶기
쌀국수는 미지근한 물에 15분 정도 담가두었다가 다른 재료 준비가 끝나면 바로 끓는 물을 부어 5분 정도 있다가 건진다.

2 채소 손질하기
부추는 뿌리를 깨끗하게 손질해 씻어 5cm 길이로 자르고 청양고추는 곱게 다진다.

3 양념장 만들기
준비한 양념장 재료를 한데 담아 고루 섞어 양념장을 만든다.

4 육수 끓이기
멸치다시마육수를 한소끔 팔팔 끓인 후 부추와 청양고추를 넣고 바로 불에서 내린다.

5 그릇에 담기
국수에 육수를 부은 후 양념장을 곁들인다.

맛 up
쌀국수는 밀국수에 비해 쫄깃한 맛은 거의 없지만 담백하고 깔끔한 영양 다이어트 식재료다. '포'라고 하는 정통국물 대신 멸치다시마육수를 사용해도 쌀국수의 맛을 잘 살릴 수 있다.

칼로리 down
주식이 되는 쌀국수의 양을 줄이고 부추나 호박, 오이, 청경채 등의 채소 분량을 늘리면 포만감을 느끼면서도 칼로리를 줄일 수 있다.

건강 up
부추는 짠맛을 중화시키는 역할을 하기 때문에 짜게 먹는 습관을 가졌다면 부추를 활용한 음식을 자주 먹는 것이 좋다. 또 일반 간장은 염도가 16%인데 저염간장은 12%로 낮아 부종 예방에 좋다.

1인분 246kcal

비빔메밀국수

다이어트 중에 입맛이 떨어져 새콤달콤 양념장을 얹은 비빔국수 한 그릇이 생각나면 메밀로 만든 비빔국수로 영양과 칼로리도 챙기고 떨어진 입맛도 잡아보세요.

200~300 kcal

재료(2인분)
메밀국수 100g, 무 50g, 오이 30g, 달걀 1개, 식초 ½큰술, 멸치다시마육수 1컵, 소금 약간
양념장 간장 1큰술, 들깨 1큰술, 고춧가루 1작은술, 들기름 ½작은술, 다진 마늘 ½작은술, 맛술 ½작은술

1 무 절이기
무는 굵직하게 채썰어 식초와 소금을 넣어 절인다. 오이는 반달 모양으로 길쭉하게 저며 썬다.

2 달걀 준비하기
달걀은 완숙으로 삶아 반으로 자른다.

3 양념장 만들기
준비한 분량의 양념장 재료를 한데 담아 고루 섞는다.

4 메밀국수 삶기
끓는 물에 메밀국수를 넣고 쫄깃하게 삶아 찬물에 헹궈 건진다.

5 그릇에 담기
그릇에 삶은 국수를 담고 무와 오이, 달걀 등의 고명을 얹은 후 양념장을 얹는다. 그릇 가장자리로 차게 식힌 육수를 붓는다.

맛 up
양념장을 만들 때 들깨는 가루를 내지 않고 통으로 된 것을 사용해도 고소하다.

칼로리 down
들기름이 들깨에 비해 칼로리가 높기 때문에 들기름의 양을 줄인다. 칼로리를 더 줄이고 싶다면 들깨 양도 같이 줄여본다.

건강 up
일반 밀가루에 비해 필수아미노산이 많은 메밀은 모세혈관을 강화시키는 콜라겐 합성에 도움이 되는 루틴이 많이 들어 있다. 비타민 C가 콜라겐 합성을 돕기 때문에 메밀을 먹을 때 비타민 C가 풍부한 채소를 같이 먹거나 레몬즙을 양념장에 추가하면 루틴의 효과를 강화할 수 있다.

1인분 265kcal

고구마호두아몬드팬구이

견과류는 공복 시 먹으면 위에 포만감을 주는 콜레시스토키닌이라는 성분을 촉진시켜요.
칼로리가 살짝 걱정된다면 견과류 양을 살짝 줄이고 오븐에 구워보세요.

200~300 kcal

재료(2인분)
고구마 200g, 호두·아몬드 15g씩, 우유 50ml, 올리고당 ½큰술, 카놀라유 ½큰술

1 고구마 으깨기
고구마는 깨끗하게 씻어 푹 무르도록 쪄 껍질째 으깬다.

2 견과 다지기
호두와 아몬드는 곱게 다진다.

3 모양 만들기
으깬 고구마에 호두와 아몬드, 우유, 올리고당을 넣어 고루 섞은 후 한입 먹기 좋은 크기로 동그랗게 모양을 만든다.

4 굽기
달군 팬에 카놀라유를 두르고 고구마 반죽을 넣은 후 중불에서 타지 않게 굽는다. 한 면이 익으면 뒤집어 다른 면도 굽는다.

맛 up
오븐이나 오븐토스터에 구우면 칼로리를 조금 더 낮출 수 있지만 기름 두른 팬에 구우면 고소한 맛을 더 진하게 즐길 수 있다.

칼로리 down
호두와 아몬드 등의 견과류는 심혈관 질환 예방에 도움이 되지만 지방이 60%가 넘는 고지방 식품이기 때문에 일반 요리법에 제시된 견과류 양의 절반 정도만 사용해야 한다.

건강 up
견과류는 공복 시 비상식량으로 쓰인다. 호두 6개, 아몬드 10개, 땅콩 20개 중 하나를 선택해서 미리 먹으면 위장관에 콜레시스토키닌이라는 포만감을 주는 물질이 분비되어 공복감을 막을 수 있다.

1인분 223kcal

삶은달걀치즈구이

다이어트 중이라도 맛있는 모차렐라치즈는 가끔 생각나요. 그럴 땐 분량을 살짝 줄여서 삶은 달걀에 얹어 구워보세요. 감자와 우유를 섞은 수프를 끓여 곁들여도 한 끼 식사로 좋답니다.

200~300 kcal

재료(2인분)
달걀 2개, 감자 100g, 브로콜리 20g, 양파 20g, 우유 80ml, 생모차렐라치즈 60g, 소금·후춧가루 약간씩, 로즈메리 약간

1 달걀 삶아 썰기
달걀은 12분 정도 완숙으로 삶아 동그란 모양을 살려 슬라이스한다.

2 감자와 우유 끓이기
오목한 팬에 얄팍하게 저며 썬 감자와 우유를 넣고 끓어 넘치지 않도록 중불에서 끓인다. 감자가 완전히 익으면 주걱으로 으깨어 소금과 후춧가루로 간을 한다.

3 채소 준비하기
브로콜리는 작은 송이로 잘라 데치고 양파는 굵직하게 다진다.

4 굽기
두꺼운 팬에 달걀과 삶아 으깬 감자, 브로콜리, 양파를 담고 치즈를 적당한 크기로 잘라 얹어 뚜껑을 덮고 약한 불에서 은근히 굽는다. 뜨거울 때 로즈메리를 약간 얹는다.

맛 up
치즈를 얹어 굽는 음식이므로 따뜻할 때 먹어야 제맛을 즐길 수 있다. 감자를 우유와 함께 삶아 수프처럼 만드는 대신 동그랗게 슬라이스해 데친 후 함께 얹어 구워도 맛있다. 로즈메리나 바질 등의 허브를 조금 넣으면 향이 더해져 더욱 맛이 좋다.

칼로리 down
모차렐라치즈는 다른 치즈에 비해 고지방 고열량 식품으로 분량을 줄이면 칼로리를 많이 절약할 수 있다. 우유도 저지방우유로 선택하면 칼로리를 줄일 수 있다.

건강 up
감자는 저칼로리 식품이기는 하지만 혈당지수가 높은 식품으로 인슐린 분비량을 증가시키기 때문에 혈당수치가 높은 경우 피하는 것이 좋다. 감자요리는 혈당지수가 낮은 브로콜리나 유제품을 같이 넣어서 조리하면 좋다.

1인분 273.5kcal

양배추새우샐러드

새우샐러드에 넣는 새우는 큰 것 한 마리보단 작은 것 두 마리가 먹는 즐거움과 포만감을 더 느끼게 해주죠. 땅콩은 칼로리를 생각해서 조금만 넣으세요.

200~300 kcal

재료(2인분)
양배추 150g, 새우(중하) 200g, 브로콜리 80g, 땅콩 30g, 소금 약간
소스 머스터드 소스 1큰술, 올리고당 ½큰술, 씨겨자 1작은술, 마요네즈 1작은술, 레몬즙 ½작은술

1 양배추 채썰기
양배추는 굵은 심을 도려내고 씻어 물기를 뺀 후 곱게 채 썬다.

2 새우 손질하기
새우는 중하 정도 크기로 준비해 끓는 물에 소금을 약간 넣어 데친 후 껍질을 벗긴다.

3 브로콜리 데치기
브로콜리는 작은 송이로 잘라 끓는 물에 소금을 약간 넣어 파랗게 데친 후 찬물에 헹궈 물기를 뺀다.

4 소스 만들기
땅콩은 굵직하게 다지고 준비한 소스 재료를 한데 담아 고루 섞어 소스를 만든다.

5 버무리기
넓은 그릇에 소스를 담고 양배추와 새우, 브로콜리, 다진 땅콩을 넣고 가볍게 버무린다.

맛 up
새우는 끓는 물에 데쳐도 좋고 살을 발라 달군 팬에 소량의 식용유를 붓고 재빨리 구워내도 맛있다.

칼로리 down
땅콩은 10개 7g에 40kcal로 부피에 비해 고열량 식품이다. 땅콩의 분량만 줄여도 칼로리를 많이 줄일 수 있다. 마요네즈 역시 밥 한 숟갈 15g에 98kcal로 꼭 넣어야 한다면 작은 스푼으로 저지방마요네즈를 사용한다.

건강 up
볶은 땅콩은 기름에 튀겨서 간을 한 것이 많다. 이런 땅콩들은 빨리 산화되므로 먹을 분량만 구입한다. 또 술안주로 많이 쓰이는 소금 간이 된 땅콩보다는 찐 땅콩을 사용하는 것이 좋다.

1인분 265kcal

돼지고기미역쌈

다이어트 중에 돼지고기는 좀 멀리해야 할 식품 중에 하나지만
탄수화물을 분해하는 성분을 가지고 있어 탄수화물 섭취량이 많을 때 같이 먹으면 좋아요.

200~300 kcal

재료(2인분)
불린 미역 150g, 돼지고기 목살 150g, 마늘 5쪽, 청양고추 20g
양념 고춧가루 ½큰술, 진간장 1작은술, 참기름 1작은술, 다진 마늘 ⅓작은술, 맛술 ½작은술, 소금·후춧가루 약간씩

1 미역 자르기
미역은 자르지 않은 통 미역을 불린 후 손바닥만 한 크기로 네모지게 자른다.

2 돼지고기 재기
돼지고기는 지방을 제거한 목살을 굵직하게 채썰어 준비한 양념을 넣어 무친 후 잠시 잰다.

3 마늘 썰기
마늘은 도톰하게 저미고 청양고추는 송송 썬다.

4 돼지고기 볶기
달군 팬에 양념한 돼지고기를 넣어 달달 볶는다.

5 쌈 싸기
미역을 펼친 후 돼지고기를 적당히 덜어 담고 마늘과 고추를 한 쪽씩 올려 보자기 싸듯 쌈을 싸 먹는다.

맛 up
돼지고기 목살은 기름기가 적은 편인데 고춧가루로 맛을 낸 양념에 볶아 미역에 싸 먹으면 그 맛이 새롭다. 돼지고기는 조금 굵직하게 썰어 씹는 느낌을 살린다.

칼로리 down
다이어트 중에 돼지고기는 좀 멀리해야 하는 식품 중 하나이다. 그나마 목살은 삼겹살 부위에 비해 칼로리가 적다. 더 칼로리를 줄이고 싶다면 지방이 가장 적은 안심을 사용한다.

건강 up
돼지고기에는 수용성비타민인 티아민이 풍부한데 티아민은 탄수화물을 분해하는 역할을 하기 때문에 탄수화물 섭취량이 지나치게 많을 때 돼지고기와 같이 먹도록 한다. 돼지고기를 먹을 때 티아민의 체내 흡수율을 증가시키는 마늘과 같이 먹는 것이 좋다.

1인분 207.5kcal

연어레몬구이

연어는 굳이 다른 양념을 하지 않고 소금만으로 구워도 정말 맛있어요.
구울 때 레몬즙을 뿌리면 향긋한 향이 남아 식감을 자극하지요.

200~300 kcal

재료(2인분)
연어 200g, 레몬 ½개, 양송이 70g, 호박 30g, 맛술 ½작은술, 소금·후춧가루 약간씩, 올리브유 ½큰술

1 연어 밑양념하기
연어는 큼직하게 잘라 잔가시를 골라내고 맛술과 소금, 후춧가루를 뿌려 밑양념을 한다.

2 채소 준비하기
레몬은 반은 즙을 내고 반은 저며 썬다. 양송이는 도톰하게 저며 썰고 호박은 양송이와 비슷한 크기로 자른다.

3 연어 굽기
달군 팬에 올리브유를 두르고 연어를 넣어 센 불에서 앞뒤로 뒤집어가며 굽다가 레몬즙을 뿌린다.

4 양송이와 호박 굽기
연어를 굽는 동안 기름을 두르지 않은 다른 팬에 양송이와 호박을 넣고 물을 약간 부어 타지 않을 정도로 굽는다.

5 접시에 담기
구운 연어와 채소를 접시에 담고 남은 레몬 슬라이스를 곁들인다.

맛 up
연어는 다른 양념을 하지 않고 소금간만으로 구워야 제맛을 느낄 수 있다. 부드러운 연어와 함께 씹는 맛이 좋은 버섯을 곁들이면 더욱 좋다.

칼로리 down
연어는 불포화지방산이 많기 때문에 흰살생선에 비해 칼로리가 높은 편이다. 연어의 양을 줄이고 버섯의 양을 늘리면 칼로리를 줄일 수 있다.

건강 up
연어는 소화흡수가 잘되는 생선이며 연어의 붉은 색소인 아스타산틴 성분은 항산화 기능이 있어 노화 방지에 좋다. 연어구이는 뼈까지 먹을 수 있어 칼슘의 좋은 공급원이 된다.

1인분 225.8kcal

마파두부

튀김가루를 입혀 살짝 튀긴 두부는 칼로리는 약간 높지만 바삭한 맛을 즐길 수 있어 좋아요.
칼로리가 걱정된다면 두부와 녹말가루의 양을 줄이고 채소의 양을 늘리면 돼요.

200~300 kcal

재료(2인분)
두부 200g, 쇠고기 50g, 양파 50g, 당근 10g, 녹말물 1큰술, 카놀라유 1큰술, 올리고당 1작은술, 다진 마늘 ½작은술, 두반장 10g, 멸치다시마육수 ½컵, 소금·후춧가루 약간씩

1 두부 깍둑썰기
두부는 한입 먹기 좋은 크기로 깍둑썰어 종이타월로 물기를 충분히 흡수한다.

2 쇠고기 다지기
쇠고기는 기름기 없는 등심으로 준비해 곱게 다지고 양파와 당근도 손질해 곱게 다진다.

3 두부 굽기
달군 팬에 카놀라유를 두르고 두부를 넣어 앞뒤로 뒤집어가며 노르스름하게 굽는다.

4 쇠고기소스 만들기
쇠고기와 양파, 당근, 올리고당, 다진 마늘, 후춧가루를 넣고 쇠고기가 익도록 달달 볶다가 두반장과 육수를 붓고 한소끔 끓인다.

5 소스와 두부 섞기
만든 소스에 구운 두부를 넣어 가볍게 젓다가 녹말물을 붓고 휘저은 후 모자라는 간은 소금으로 맞춘다.

맛 up
두부에 녹말가루나 튀김가루를 입혀 살짝 튀기면 칼로리는 약간 높아지지만 바삭한 맛을 즐길 수 있다.

칼로리 down
두부와 녹말가루 양을 줄이고 채소 양을 늘리면 칼로리를 줄일 수 있다. 쇠고기는 등심을 선택해 칼로리와 콜레스테롤을 같이 줄인다.

건강 up
고형식 두부는 일반 두부에 비해 칼로리는 높지만 칼슘 함량이 높고 식이섬유가 포함된 우수한 식품이다. 하지만 비타민이 부족하기 때문에 양파, 당근, 청경채 등의 채소와 같이 조리해야 영양균형을 맞출 수 있다.

1인분 266.5kcal

날치알돌솥밥

날이 추운 날은 날치알을 얹은 따뜻한 돌솥밥을 지어보세요.
갓 지어 더 고소한 밥과 씹으면 톡톡 터지는 날치알이 어우러져 다른 반찬이 필요없어요.

200~300 kcal

재료(2인분)
현미밥 280g, 날치알 30g, 배추김치 30g, 당근 20g, 무순 10g, 참기름 ½큰술

1 날치알 씻기
날치알은 체에 밭쳐 흐르는 물에 씻어 짠맛을 없앤 후 물기를 뺀다.

2 채소 준비하기
배추김치는 양념을 털어 송송 썰고 당근은 곱게 다진다. 무순은 씻어 물기를 뺀다.

3 돌솥밥 짓기
돌솥에 참기름을 두른 후 현미밥을 담고 밥 위에 날치알과 배추김치, 당근 등을 얹는다. 중불에서 익히다가 불을 약하게 줄여 잠시 뜸을 들인다.

4 무순 얹기
날치알과 당근이 익으면 불에서 내린 후 무순을 얹는다.

맛 up
불을 너무 세게 하면 밥이 타거나 두껍게 눌 수 있으므로 불 조절을 잘해야 한다. 곱게 부순 김을 밥 위에 얹어 먹어도 맛있다.

칼로리 down
현미가 백미에 비해 칼로리가 적은 것은 아니지만 백미에 비해 식이섬유가 많아 평소 백미 양만큼 먹지 않아도 포만감이 빨리 생기기 때문에 양을 줄일 수 있다. 밥 양을 줄이고 무순이나 당근의 양을 늘려도 칼로리를 절약할 수 있다.

건강 up
날치알은 지방이 없으면서 단백질이 풍부한 다이어트 식품이다. 날치알 30g에 동물성단백질이 22g이나 들어 있어 20대 여성의 하루 단백질 필요량인 45g의 절반을 충족시킨다. 날치알돌솥밥을 먹을 때는 따로 단백질 반찬을 추가하지 않아도 좋다.

1인분 255.5kcal

스위트된장소스돼지고기수육

다이어트할 때 돼지고기요리는 주로 칼로리가 적은 안심을 활용하면 좋아요.
된장으로 만든 소스는 느끼함이 없고 돼지 냄새를 잡아주기 때문에 돼지고기와 정말 잘 어울린답니다.

200~300 kcal

재료(2인분)
돼지고기 목살이나 안심 200g, 된장 ½큰술, 청경채 100g, 셀러리 50g
스위트된장소스 된장 ½큰술, 파인애플 15g, 양파 10g, 다진 마늘 1작은술, 올리고당 ½작은술, 잣 4알

1 돼지고기 삶기
돼지고기는 목살이나 안심 등 기름기 없는 부위로 덩어리째 준비해 된장 푼 물에 넣고 푹 삶는다.

2 채소 썰기
청경채는 한 잎씩 떼어 길이로 어슷하게 썰고 셀러리는 겉껍질을 벗기고 청경채와 비슷한 크기로 어슷하게 저며 썬다.

3 스위트된장소스 만들기
분량의 스위트된장소스 재료를 믹서에 담아 5초 정도 곱게 간다.

4 접시에 담기
삶은 돼지고기를 건져 한 입 먹기 좋은 크기로 저며 썰어 접시에 담고 청경채와 셀러리를 곁들인다. 소스를 채소와 돼지고기 위에 끼얹는다.

맛 up
돼지고기로 수육을 만들 때 부위를 잘못 선택하거나 다 익힌 돼지고기를 썰 때 결 방향을 잘못 잡으면 부서질 수 있다. 결 반대 방향으로 썰어야 잘 부서지지 않고 식감도 좋다.

칼로리 down
돼지고기는 목살보다 안심이 지방이 적으므로 안심을 사용하면 칼로리를 줄일 수 있다. 또 돼지고기 양을 줄이고 청경채나 셀러리의 양을 늘리면 칼로리를 좀 더 줄일 수 있다.

건강 up
돼지고기와 양파를 같이 넣고 삶으면 지방과 콜레스테롤을 줄일 수 있다. 또 소스를 만들 때 마른 오징어의 껍질에 있는 흰색 가루 성분인 타우린을 같이 넣으면 돼지고기의 콜레스테롤 분해를 촉진시킬 수 있다.

1인분 296kcal

오징어양배추덮밥

익으면 단맛이 도는 양배추는 오징어와 참 잘 어울려요.
오징어와 양배추를 큼직하게 잘라 조리하면 더 푸짐해 보여 식감을 자극한답니다.

200~300 kcal

재료(2인분)
현미밥 280g, 오징어 100g, 양배추 60g, 양파 50g, 당근 20g, 새송이버섯 20g, 진간장 ½큰술, 올리브유 ½큰술, 다진 마늘 ½작은술, 참기름 ½작은술, 소금·후춧가루 약간씩

1 오징어 데치기
오징어는 껍질을 모두 벗기고 끓는 물에 소금을 약간 넣고 데쳐 한입 크기로 길쭉하게 자른다.

2 채소 썰기
양배추는 손질해 오징어와 비슷한 크기로 네모지게 썬다. 양파와 당근, 버섯도 모두 비슷한 크기로 썬다.

3 양배추와 양파 볶기
달군 팬에 올리브유를 두르고 진간장과 다진 마늘을 먼저 넣고 애벌로 살짝 끓인 후 양배추와 양파를 넣어 살짝 볶는다.

4 오징어 볶기
양배추가 살캉거릴 정도로 익으면 오징어와 준비한 다른 채소를 모두 넣고 센 불에서 재빨리 볶는다.

5 밥 위에 얹기
밥 위에 볶은 양념오징어를 얹는다.

맛 up
양배추는 익으면 더 단맛이 도는데 오징어와 맛이 잘 어울린다. 식감을 주기 위해 조금 큼직하게 잘라 볶으면 푸짐해 보여 좋다.

칼로리 down
올리브유의 양을 줄이고 참기름 대신 참깨를 넣으면 칼로리를 줄일 수 있다. 덮밥에 들어 있는 채소와 오징어 때문에 다른 반찬이 필요 없어서 덮밥 자체가 칼로리가 높아도 밥상 전체는 칼로리가 높지 않다.

건강 up
오징어는 대표적인 산성식품이어서 위가 약한 경우 피하는 것이 좋고 양배추나 버섯 등의 채소와 같이 먹어야 중화작용이 된다. 또한 생물오징어 껍질에는 콜레스테롤이 많기 때문에 육류를 많이 먹고 복부지방이 심각하다면 생물오징어 껍질은 피하는 것이 좋다.

1인분 229.5kcal

삼치탕수

부드러운 삼치로 만든 탕수는 바삭함과 부드러움이 함께 어우러져 있어 따뜻할 때 먹어야 더 맛있어요.
오븐에 구으면 더 바삭함을 즐길 수 있으니까 오븐도 한번 활용해보세요.

200~300 kcal

재료(2인분)
삼치 120g, 밀가루 2큰술, 맛술 1작은술, 생강 간 것 1작은술, 소금 약간
탕수소스 새송이버섯 50g, 대파 30g, 풋고추 10g, 양파 20g, 올리브유 1큰술, 녹말물 1큰술, 물 ½컵, 올리고당 ½큰술, 식초 ½큰술, 소금 약간

1 삼치 재기
삼치는 손질해 살만 발라 한입 먹기 좋은 크기로 잘라 맛술과 생강 간 것, 소금으로 밑양념을 해 잠시 잰다.

2 밀가루옷 입혀 굽기
밑간을 한 삼치에 밀가루를 뿌려 앞뒤로 뒤집어가며 옷을 입힌 후 달군 팬에 올리브유 1작은술을 두르고 굽는다.

3 채소 썰기
대파는 3~4cm 길이로 자르고, 고추와 대파도 비슷한 길이로 길쭉하게 자른다. 양파는 굵직하게 채썰고 버섯은 적당한 크기로 저며 썬다.

4 탕수소스 만들기
달군 팬에 남은 올리브유를 두르고 손질한 채소를 넣어 볶는다. 이후 물을 붓고 한소끔 끓이다가 올리고당, 식초, 소금, 녹말물을 붓고 걸쭉하게 끓여 탕수소스를 만든다.

5 접시에 담기
접시에 구운 삼치를 담고 탕수소스를 끼얹는다.

맛 up
삼치는 고등어에 비해 비린 맛이 덜하고 살이 연한 편이다. 살만 바른 삼치에 밀가루 옷을 입혀 오븐에 구우면 바삭해져 탕수로 만들어도 질척거리지 않는다.

칼로리 down
칼로리가 높은 삼치 분량을 줄이거나 올리브유나 녹말가루 양을 줄여 칼로리를 줄인다.

건강 up
등푸른생선의 대표라고 할 수 있는 삼치는 DHA, EPA와 같은 오메가3지방산이 많이 들어 있어 뇌졸중과 심장병 예방에 좋다. 요리할 때 삼치 자체에서 기름이 많이 나오기 때문에 식용유를 많이 넣을 필요가 없다.

MENU 5

다이어트 중에 허한 속을 달래는
300~400kcal 레시피

다이어트 중에 허한 속을 달래면서도
날씬하게 즐길 수 있는 300~400kcal의 요리들이에요.

1인분 318kcal

닭가슴살현미양배추롤

최고의 고단백식품인 닭가슴살로 건강은 up! 칼로리는 down.
양배추와 함께 먹으면 부족한 식이섬유와 비타민도 보충할 수 있어요.

300~400 kcal

재료(2인분)
닭가슴살 100g, 현미밥 280g, 로즈메리 약간, 붉은 피망 20g, 양배추 200g, 소금·후춧가루 약간씩, 무순 약간
배합초 식초 1큰술, 설탕 2작은술, 소금 약간

1 닭가슴살 찌기
닭가슴살은 흐르는 물에 살짝 씻어 한 김 오른 찜통에 넣고 로즈메리를 얹고 함께 찐 후 결대로 가늘게 찢어 소금과 후춧가루로 약하게 간한다.

2 배합초 만들어 섞기
분량의 배합초 재료를 설탕이 녹을 정도로만 끓여서 따뜻한 현미밥에 고루 섞는다.

3 양배추 찌기
양배추는 잎이 찢어지지 않도록 포개어 찜통에 찐다.

4 돌돌 말기
김발 위에 기름종이를 깔고 밥을 얄팍하게 펼친 후 양배추 잎을 얹고 그 위에 곱게 다진 붉은 피망과 닭가슴살, 무순을 얹어 돌돌 말아 먹기 좋은 크기로 자른다.

맛 up
닭고기는 비린내가 적은 편이라 밑 손질을 따로 하지 않아도 되지만 우유에 잠시 담갔다가 건지면 훨씬 깔끔한 맛을 낼 수 있다. 또 데칠 때 레몬이나 대파, 양파 등을 넣으면 한결 깨끗하게 손질할 수 있다.

칼로리 down
아스파탐은 설탕에 비해 최대 200배 가까운 단맛을 내기 때문에 설탕 2작은술 대신 아스파탐 ¼작은술을 넣으면 칼로리는 줄이면서 충분한 단맛을 느낄 수 있다.

건강 up
닭가슴살은 최고의 고단백 식품이다. 더불어 다른 부위에 비해 에너지대사 효율을 높일 수 있는 니아신 양이 가장 풍부해 다이어트식으로 인기가 높다. 하지만 식이섬유나 비타민 A와 C가 부족하기 때문에 양배추와 함께 먹으면 더 좋다. 양배추는 겉의 녹색 부분엔 비타민 A가, 흰색 부분엔 비타민 C가 많다.

1인분 379kcal

콩스테이크

쇠고기의 양을 줄이고 콩을 더 넣어 영양도 살리고 칼로리도 줄인 스테이크예요.
콩은 쇠고기의 콜레스테롤을 낮추는 데 도움이 되므로 함께 먹으면 좋아요.

300~400 kcal

재료(2인분)
쇠고기 등심 150g, 불린 대두 100g, 달걀 50g, 빵가루 20g, 브로콜리 50g, 양송이 20g, 카놀라유 ½큰술
양념 다진 마늘 5g, 맛술 ½작은술, 소금·후춧가루 약간씩

1 쇠고기 다지고 대두 갈기
쇠고기는 기름기를 잘라내고 곱게 다진다. 불린 대두는 자작하게 물을 붓고 소금을 약간 넣어 무르게 삶아서 믹서에 30초 이상 곱게 간다. 이때 콩 삶은 물은 따로 두었다가 차게 해서 마시거나 국이나 찌개의 국물로 사용한다.

2 반죽 섞기
쇠고기와 곱게 간 대두를 넓은 그릇에 담고 달걀과 빵가루, 양념 재료를 넣어 여러 번 치대가며 섞어 부드럽게 만든다. 지름이 6~7cm 정도 되게 동그랗고 도톰하게 모양을 만들어 10분 정도 실온에 둔다.

3 브로콜리 삶기
끓는 물에 큼직하게 자른 브로콜리를 넣고 살짝 데친 후 찬물에 헹궈 물기를 뺀다.

4 굽기
달군 팬에 카놀라유를 두르고 콩스테이크를 넣어 앞뒤로 뒤집어가며 굽는다. 반쯤 익을 무렵 브로콜리를 넣어 살짝 굽는다.

맛 up
쇠고기의 양을 줄이고 콩으로 맛과 영양을 더한 음식이다. 빵가루를 넣으면 콩을 갈면서 생긴 물기를 흡수하여 씹는 맛을 좋게 하고 소화도 잘된다.

칼로리 down
쇠고기 양을 더 줄이고 대두 양을 늘리거나 달걀의 노른자, 빵가루의 양을 줄이면 칼로리를 줄일 수 있다.

건강 up
콩에 들어 있는 이소플라본은 여성호르몬 에스트로겐과 비슷한 작용을 한다. 나쁜 콜레스테롤의 수치를 줄여주기 때문에 쇠고기의 콜레스테롤을 낮추는 데 도움이 된다. 또 대두에 있는 레시틴은 혈관벽을 청소하는 역할을 하기 때문에 잦은 육류 섭취로 동맥경화증의 위험이 있을 땐 콩을 먹자.

1인분 336kcal

양념참치채소비빔밥

이것저것 준비하기 귀찮을 땐 비빔밥 한 그릇 만들어 간편하게 식사해보세요.
비빔밥과 같은 한 그릇 식사는 식사시간이 짧아 많은 양을 먹기 쉬우니까 대화하면서 식사시간을 늘리세요.

300~400 kcal

재료(2인분)
참치통조림 50g, 당근 30g, 무순 20g, 싹채소 20g, 영양부추 20g, 달걀 1개(50g), 현미콩밥 280g
양념 고춧가루 ½작은술, 된장 ½작은술, 볶은 콩가루 ½작은술, 다진 양파 ½작은술, 맛술 ½작은술

1 참치 으깨기
참치는 체에 밭쳐 기름기를 빼고 넓은 그릇에 담아 곱게 으깬다.

2 양념 섞기
참치에 준비한 양념을 모두 넣고 고루 섞어 된장 맛이 나는 참치를 만든다.

3 채소 준비하기
당근은 껍질째 씻어 곱게 채썰고 무순과 싹채소는 씻어 물기를 턴다. 부추는 다른 재료와 비슷한 길이로 자른다.

4 달걀 지단 만들기
달걀은 곱게 풀어 달군 팬에 기름 없이 얄팍하게 부친 후 곱게 채썬다.

5 그릇에 담기
밥을 그릇에 담고 준비한 채소와 지단, 양념한 참치를 얹는다.

맛 up
참치통조림은 부드럽고 고소한 맛이 좋은데 조리할 때 체에 밭쳐 숟가락으로 꼭꼭 눌러가며 기름기를 빼는 것이 좋다.

칼로리 down
같은 참치통조림이라도 지방을 줄인 라이트 상품이 일반 참치통조림에 비해 칼로리가 적은 편이니 애용한다. 참치통조림의 기름은 거즈로 꽉 짜서 제거한 후 사용하면 칼로리를 줄일 수 있다.

건강 up
비빔밥과 같은 한 그릇 음식을 먹을 때는 식사 시간이 10분 이하가 될 수 있기 때문에 포만감을 느끼기 어려울 수 있다. 채소를 많이 넣어서 포만감을 늘리고 TV 시청보다는 대화를 하면서 식사시간을 늘리도록 한다.

1인분 315kcal

쇠고기샤브샤브

양념이 없어 깔끔한 맛의 쇠고기샤브샤브.
된장 육수에 쇠고기를 데치면 구수한 향은 더해지고 누린내가 누그러져 더 맛좋은 음식이 돼요.

300~400 kcal

재료(2인분)
쇠고기 샤브샤브용 250g, 새송이버섯 60g, 청경채 50g, 배추 50g, 멸치다시마육수 4컵, 된장 ½큰술
소스 된장 ½작은술, 깨소금 1큰술, 올리고당 ½큰술, 식초 ½큰술, 무즙 2큰술

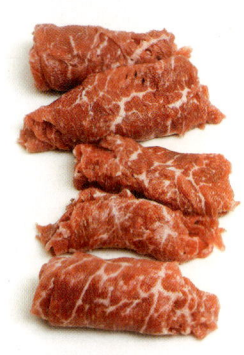
1 쇠고기 담기
쇠고기는 샤브샤브용으로 준비해 적당한 크기로 돌돌 말아 접시에 담는다.

2 채소 준비하기
버섯은 길이대로 도톰하게 저며 썰고 청경채는 씻어 한 잎씩 뗀다. 배추는 청경채와 비슷한 크기로 어슷하게 저며 썬다.

3 육수 끓이기
전골냄비에 육수를 담고 된장을 넣은 후 한소끔 끓인다.

4 소스 만들기
준비한 소스 재료를 한데 담아 고루 섞어 소스를 만든다.

5 쇠고기와 채소 익히기
쇠고기와 채소를 번갈아가며 육수에 넣어 익힌 후 건져 소스를 찍어 먹는다.

맛 up
육수에 된장을 넣으면 구수한 향이 더해지고 쇠고기 특유의 누린내가 가신다. 소스 만들 때도 된장을 약간 넣으면 소금 간을 따로 하지 않아도 되고 된장의 구수한 맛을 함께 즐길 수 있어 좋다.

칼로리 down
필수아미노산은 많고 칼로리가 적은 버섯. 쇠고기 양을 줄이고 버섯 양을 늘려 칼로리를 줄인다. 글루타민이 풍부한 버섯은 특유의 씹히는 맛이 육류 질감과 비슷해 대리만족을 줄 수 있다.

건강 up
마른오징어 껍질에 묻어 있는 흰색 가루를 숟가락으로 털어서 육수에 같이 넣으면 육류에서 나오는 콜레스테롤 흡수를 줄여준다.

1인분 397kcal

호두멸치주먹밥

가끔씩 밥 차려 먹기 싫을 때 주먹밥을 만들어보세요.
먹는 재미도 있고 간편해 별미가 된답니다. 주먹밥을 김으로 싸면 손으로 집어 먹기 편하고 더 고소해지지요.

 300~400 kcal

재료(2인분)
잡곡밥 250g, 호두 40g, 멸치볶음 50g, 불린 미역 30g, 참기름 ½큰술

1 잡곡밥 짓기
현미와 콩, 검은쌀, 보리 등 식성에 맞게 5가지 정도를 섞은 잡곡밥을 지어 따뜻한 상태로 넓은 그릇에 담는다.

2 호두 다지기
호두는 미지근한 물에 살짝 담갔다가 건져 굵직하게 다진다.

3 멸치볶음 다지기
불린 미역은 물기를 짜고 식용유와 간장으로 볶은 멸치볶음을 준비해 다진다.

4 모양 만들기
밥에 호두와 멸치볶음, 불린 미역을 섞는다. 마지막으로 참기름을 넣고 버무린 후 한입 먹기 좋은 크기로 뭉친다.

맛 up
뭉친 밥을 구운 김에 싸면 담백한 맛을 더할 수 있다. 밥을 너무 세게 뭉치면 씹을 때 식감이 나빠지므로 밥알이 흩어지지 않을 정도로만 살짝 뭉친다.

칼로리 down
호두와 같은 견과류는 심장질환 예방에 좋지만 칼로리가 매우 높다. 호두 8g에 50kcal나 되므로 호두 양을 줄여서 칼로리를 줄이도록 한다.

건강 up
호두의 속껍질에 있는 연한 갈색의 떫은맛이 나는 레스베라트롤이라는 항산화 물질은 심장병 예방에도 좋고 콜레스테롤을 낮추는 역할을 한다. 호두는 속껍질을 완전히 벗기지 말고 같이 먹는 습관을 들인다.

1인분 317.5kcal

참치다다키

오메가3지방산이 풍부한 참치는 지방을 감소시켜 주는 고마운 음식이에요.
깨옷을 입혀 살짝 구우면 씹는 맛이 좋아지고 더 고소해져요.

300~400 kcal

재료(2인분)
냉동참치 200g, 들깨 20g, 참깨 20g, 달걀노른자 1개(약 20g), 양상추잎 10g, 쌕채소 30g, 카놀라유 ½큰술, 소금 약간
미소소스 미소된장 ½큰술, 오렌지즙 20g, 참기름 ½작은술, 올리고당 ½작은술

1 냉동참치 해동하기
냉동참치는 소금을 넣은 미지근한 물에 담가 반 정도 해동한 후 종이타월로 싸 냉장고에 10분 정도 넣어둔다.

2 달걀노른자 바르기
해동한 참치를 꺼내 달걀노른자를 골고루 바른다.

3 참치에 깨옷 입히기
들깨와 참깨를 넓은 쟁반에 담아 고루 섞은 후 참치를 넣어 굴려가며 옷을 입힌다.

4 미소소스 만들기
분량의 미소소스 재료는 한데 담아 고루 섞는다

5 참치 익히기
달군 팬에 카놀라유를 두르고 깨옷을 입힌 참치를 넣어 앞뒤로 뒤집고 모서리까지 살짝 익힌 후 먹기 좋은 크기로 자른다.

6 접시에 담기
쌕채소와 양상추잎은 씻어 물기를 털어 접시에 참치와 함께 담고 소스를 끼얹는다.

맛 up
냉동참치는 붉은 살보다 흰 살에 기름기가 더 많다. 냉동참치는 회로도 즐길 수 있는 음식으로 완전히 다 익히지 말고 ⅓정도만 익혀야 씹는 질감이 좋다.

칼로리 down
기름보다 깨가 칼로리가 적지만 깨 20g에 100kcal가 넘기 때문에 주의해서 첨가한다. 또 참치의 뱃살이 등살에 비해 기름이 월등히 많고 칼로리가 높으니 등살을 주로 활용하도록 한다.

건강 up
참치는 등푸른생선 중에서 DHA와 EPA 등 오메가3지방산이 가장 많이 함유되어 있어 치매 예방과 중성지방 수치 감소에 효과적이다. 또한 셀레늄이 많아 생선 섭취로 인한 수은중독 위험도 줄일 수 있다.

1인분 330.5kcal

봉골레쌀국수스파게티

칼로리가 높아 다이어트 중에는 꿈도 못 꾸는 스파게티.
그렇다고 언제까지 참을 수는 없지요. 쌀국수로 만들어 맛은 살리고 칼로리는 확 줄여보세요.

300~400 kcal

재료(2인분)
쌀국수 120g, 모시조개 100g, 붉은 청양고추 10g, 마늘 10g, 브로콜리 30g, 올리브유 1큰술, 소금·후춧가루 약간씩

1 쌀국수 삶기
쌀국수는 미리 물에 10분 정도 담가 두었다가 끓는 물을 붓거나 끓는 물에 살짝 삶아 건진다.

2 모시조개 해감하기
모시조개는 해감을 충분히 토하게 한 후 맑은 물에 씻어 건진다.

3 채소 준비하기
붉은 청양고추는 송송 썰고 마늘은 굵직하게 다지거나 으깬다. 브로콜리는 작은 송이로 잘라 끓는 물에 데쳐 찬물에 헹군다.

4 고추와 마늘 넣어 볶기
달군 팬에 올리브유를 두르고 고추와 마늘을 넣어 달달 볶다가 모시조개를 넣어 입을 벌리도록 볶는다.

5 쌀국수와 브로콜리 넣어 볶기
마지막에 쌀국수와 브로콜리를 넣어 고루 섞은 후 소금과 후춧가루로 맛을 낸다.

맛 up
조개를 볶을 때 화이트와인을 약간 넣으면 비릿한 냄새는 잡고 와인의 향을 더할 수 있다. 매운 고추와 마늘을 기름에 볶으면 기름에도 그 맛과 향이 배어 들어 양념맛이 진해진다.

칼로리 down
쌀국수의 양을 줄이고 청경채나 피망과 같은 채소를 추가하면 칼로리를 줄일 수 있다. 코팅이 잘된 두꺼운 팬을 사용해서 볶으면 올리브유 사용량을 줄여 칼로리가 절약된다.

건강 up
미네랄이 풍부하고 간 기능 향상에 좋은 모시조개는 과식을 자주 하고 육류를 많이 먹어 콜레스테롤 수치가 높은 사람에게 효과가 높다. 또한 다이어트 중 운동 강도를 지나치게 높여 피로가 축적된 경우 간 해독을 도와주어 피로 해소에 좋다.

MENU 6

기본 중에 기본
밥과 반찬 레시피

주식은 몸의 건강을 지키는 기본 중에 기본이에요.
자주 만들어 먹으면 효과 보는 착한 밥과 국,
반찬들을 모아보았어요.

부추된장무침

다이어트로 신경이 예민해지거나 체했을 때는
부추가 최고! 참기름을 살짝 넣어 고소함을 맛보세요.

 1인분 14kcal

재료(2인분)
부추 70g, 된장 ½작은술, 깨소금 ½작은술

1 부추 다듬기
부추는 뿌리 부분을 깨끗이 씻어 물기를 턴 후 2cm 길이로 자른다.

2 버무리기
넓은 그릇에 된장과 깨소금을 담고 고루 섞은 후 부추를 넣어 가볍게 버무린다.

맛 up
참기름을 넣고 싶다면 아주 소량을 넣어 향을 더한다. 말캉거리는 맛을 원하면 끓는 물에 살짝 데친 후 나물로 만들어도 된다. 하지만 이럴 경우 양이 줄어든 것처럼 보여 더 많은 양을 먹게 되므로 주의한다.

칼로리 down
깨소금은 일반 소금과 달리 지방이 많기 때문에 칼로리가 높다. 깨소금 양을 줄이거나 넣지 않으면 칼로리를 줄일 수 있다.

헬스 up
여름을 이기는 대표적인 보양식인 부추는 된장의 짠맛을 중화시킨다. 또한 부추김치를 만들 때도 짠맛을 줄이면 혈압을 낮추는데 도움이 된다. 다이어트로 신경이 예민해지거나 체했을 때 부추된장무침이나 부추된장국을 먹으면 좋다.

호박나물

조물조물 무친 호박나물이 지겹다면 팬에 구워보세요.
고소함을 한껏 느낄 수 있답니다.
오메가3지방산이 들어 있는 들기름을 넣어 건강도 챙기고요.

밥과 반찬

1인분 25.5kcal

재료(2인분)
호박 150g, 들기름 1/3작은술

1 호박 썰기
호박은 반달 모양으로 도톰하게 저며 썬다.

2 호박 굽기
달군 팬에 호박을 겹치지 않게 놓고 굽듯이 살짝 익힌다.

3 들기름 뿌리기
접시에 담고 들기름을 뿌린다.

맛 up

들기름의 향이 강해서 호박 고유의 향을 줄일 수 있다. 이럴 때는 들기름 대신 들깨를 넣거나 간장을 약간 뿌려 먹어도 맛있다.

칼로리 down

들기름이 칼로리가 높기 때문에 거피하지 않은 들깨를 손으로 지그시 눌러 으깨어 넣으면 칼로리를 다소 줄일 수 있다.

헬스 up

생선에 들어 있는 오메가3지방산이 들기름에도 많이 들어 있어 심혈관질환 예방에 좋다. 하지만 들기름은 한 번 뚜껑을 열면 쉽게 산패되기 때문에 냉장보관하고 한 달 안에 먹어야 한다. 그러므로 구입할 때 최소 용량으로 사는 것이 안전하다.

멸치된장볶음

다이어트 중 위험요소인 골다공증에 노출되지 않기 위해
꼭 필요한 멸치볶음. 조금 큰 멸치를 사용하면 씹는 맛도 즐길 수 있어요!

1인분 61.5kcal

재료(2인분)
볶음용 멸치 50g, 된장 ½작은술,
맛술 ½작은술

1 멸치 씻기
크기가 너무 작지 않은 볶음용 멸치를 준비해 흐르는 물에 살짝 씻어 짠맛을 없앤다.

2 멸치 볶기
달군 팬에 멸치를 넣어 달달 볶아 물기를 날린다.

3 멸치 버무리기
맛술을 뿌리고 된장을 넣어 고루 버무리듯 섞어가며 볶는다.

맛 up
너무 작은 멸치보다는 조금 큰 멸치를 사용해야 씹는 맛을 즐길 수 있다. 가끔 풋고추나 청양고추를 잘게 썰어 넣어 맛의 변화를 주어도 좋다.

칼로리 down
한국인들이 좋아하는 고추장멸치볶음의 소스로 사용되는 고추장은 된장보다 칼로리가 높아 주의해야 한다. 매운맛의 멸치볶음을 원한다면 고추장 대신 매운 고추를 넣는다.

헬스 up
다이어트 중에 발생할 수 있는 골다공증의 위험을 줄이기 위해 멸치볶음을 기본 밑반찬으로 애용하는 것이 좋다. 멸치볶음 1인분에 효율성이 좋은 동물성칼슘이 228mg이나 들어 있어 하루 칼슘 권장량 700mg의 ⅓ 정도를 섭취할 수 있다.

청국장우거지무침

혈전을 예방하는 청국장과 수분이 많은 다이어트 식품 배추.
배추 우거지를 청국장으로 조물조물 무쳐 건강과 다이어트 모두 챙겨요.

밥과 반찬

1인분 13.5kcal

재료(2인분)
배추 우거지 150g, 청국장 ⅓작은술, 깨소금 ½작은술

1 우거지 자르기
배추 우거지는 배추를 삶아 미리 손질해두었다가 사용한다. 손질한 배추 우거지를 꺼내 먹기 좋은 크기로 자잘하게 자른다.

2 무치기
넓은 그릇에 청국장을 담고 깨소금을 넣어 애벌로 버무리다가 자잘하게 자른 우거지를 넣어 맛이 배도록 조몰락조몰락 무친다.

맛 up
배추 우거지 대신 무청이나 시금치, 취나물 등으로 변화를 주어도 좋다. 청국장 대신 된장을 넣어도 좋은데 짜지 않게 되도록 주의한다.

칼로리 down
배추는 수분이 95%나 되는 대표적인 다이어트 식품이다. 포만감이 필요할 때는 생배추를 쌈으로 해서 먹으면 데친 나물보다 포만감이 높아 양이 줄기 때문에 칼로리를 줄일 수 있다.

헬스 up
청국장에 들어 있는 낫토균은 혈전을 예방한다. 피가 뭉쳐진 혈전은 밤에 많이 생긴다. 뇌경색이나 심근경색의 위험이 있다면 저녁에 청국장이 들어간 요리를 먹는 것이 좋다.

오이실채나물

오이에는 칼륨이 풍부하게 들어 있어요.
짜게 먹는 식습관이 있다면 오이 요리를 즐겨보세요.

1인분 12kcal

재료(2인분)
오이 100g, 참기름 ⅓작은술, 소금 ⅓작은술

1 오이 썰기
오이는 껍질째 깨끗하게 씻어 3cm 길이로 토막 썬다. 껍질을 벗겨내듯 돌려 깎고 씨 부분은 버린 후 곱게 채썬다.

2 오이 볶기
달군 팬에 오이를 넣어 한숨 살짝 죽을 정도로 달달 볶다가 참기름과 소금을 넣어 맛을 낸다.

맛 up

오이를 나물로 만들면 생으로 먹을 때와는 달리 질감이 쫄깃해져 고기를 씹는 것 같다. 오이를 깎을 때 껍질을 돌려 깎은 후 채썰면 더욱 아삭하다.

칼로리 down

참기름은 적은 양도 칼로리가 높다. 참기름의 칼로리가 걱정된다면 참깨를 같이 볶아 칼로리를 줄인다. 참기름은 향을 내는 의미에서 조금만 첨가한다는 느낌으로 조리한다.

헬스 up

오이는 칼로리가 적으면서 칼륨이 풍부해 부종 해소에 효과적이다. 나트륨 함량이 높은 찌개를 먹을 때 오이 반찬을 곁들이면 나트륨 과잉 섭취를 막아준다.

콩나물무침

들기름을 살짝 뿌려 더 고소해진 콩나물무침을
오래오래 꼭꼭 씹어 맛을 음미해보세요. 씹을수록 고소한 맛이 나요.

밥과 반찬

1인분 21kcal

재료(2인분)
콩나물 120g, 진간장 ½작은술, 들기름 ½작은술

1 콩나물 찌기
콩나물은 씻어 냄비에 담고 뚜껑을 닫아 한숨 죽도록 찐다.

2 콩나물 버무리기
넓은 그릇에 진간장과 들기름을 담고 고루 섞은 후 찐 콩나물을 넣어 가볍게 버무린다.

맛 up
콩나물은 씹을수록 고소한 맛이 나므로 천천히 음미하듯 먹으면 좋다. 들기름에 들깨를 섞어 사용해도 고소한 맛을 즐길 수 있다.

칼로리 down
칼로리를 더 낮추고 싶다면 들기름을 넣지 않고 진간장으로만 간을 맞추는 것도 좋다.

헬스 up
콩나물은 쉽게 변하기 때문에 3일 이내 먹는 것이 좋으며 조리 시 구리그릇을 사용하면 비타민 C가 파괴되므로 주의한다. 콩나물 잔뿌리에는 아스파라긴산이 많아 피로 해소에 좋으므로 손질할 때 뿌리를 너무 많이 제거하지 않도록 한다.

연근구이

소화를 촉진시키고 위를 보호해주는 고마운 연근.
살짝만 삶으면 더욱 아삭한 맛을 느낄 수 있어요.

1인분 33.5kcal

재료(2인분)
연근 100g, 소금 ⅓작은술, 식초 약간

1 연근 데치기
연근은 껍질을 벗기고 0.5cm 두께로 썰어 끓는 물에 식초를 약간 넣어 연근이 아삭해질 정도로 데친 후 건진다.

2 굽기
달군 팬에 데친 연근을 넣어 노르스름해질 정도로 굽다가 소금을 흩뿌려 약하게 간한다.

맛 up

소금 간으로 입맛에 잘 맞지 않으면 진간장을 약간 뿌리고 가쓰오부시 등을 아주 소량 얹어 맛을 내도 좋다. 우엉도 같은 방법으로 조리해 반찬으로 만들어 두면 좋다.

칼로리 down

프라이팬은 어느 정도 두껍고 코팅이 잘된 것을 선택하면 기름의 양을 줄여도 타지 않고 잘 구워진다.

헬스 up

연근을 자를 때 나오는 끈적끈적한 가는 실 같은 물질이 뮤신이다. 뮤신은 단백질 소화를 촉진시키고 위벽을 보호해주기 때문에 걷어내지 말고 같이 먹는다. 다이어트 중에 씹는 맛이 그리울 때는 연근을 살짝 삶아 씹는 맛을 즐겨본다.

우엉채볶음

식이섬유가 많고 쉽게 포만감을 느끼게 하는 우엉은 다이어트에 가장 좋은 친구예요. 간장만 살짝 넣어 깔끔한 맛을 즐겨도 좋아요.

밥과 반찬

1인분 34.5kcal

재료(2인분)
우엉 100g, 진간장 ½작은술, 카놀라유 ½작은술, 올리고당 ½작은술, 식초 약간

1 우엉 채썰기
우엉은 껍질을 벗겨낸 후 적당한 길이와 두께로 채썬다.

2 데치기
채썬 우엉은 끓는 물에 식초를 약간 넣어 데친다.

3 볶기
달군 팬에 카놀라유와 진간장, 올리고당을 담고 데친 우엉을 넣어 재빨리 볶는다.

맛 up
우엉을 구울 때는 카놀라유 대신 포도씨유나 엑스트라버진올리브유 등을 이용해도 좋고 기름 없이 굽다가 진간장을 흩뿌려도 맛있다.

칼로리 down
카놀라유는 오메가3, 오메가6 등의 불포화지방산이 많으면서 포화지방산은 가장 적은 식용유이다. 그래도 칼로리를 더 줄이고 싶다면 두께가 있는 팬으로 볶아 기름을 줄인다.

헬스 up
우엉에 들어 있는 이눌린은 이뇨작용을 도와줘 부종형비만에 좋다. 또한 식이섬유가 많아 변비를 해결할 수 있고, 포만감을 많이 주어 과식 방지용으로도 좋다. 특히 폭식으로 위가 늘어난 경우 선택하면 좋다.

미역연두부무침

부종 예방에 최고인 미역.
연두부와 함께 먹으면 더욱 부드럽고 담백한 맛을 즐길 수 있어요.

1인분 20kcal

재료(2인분)
불린 미역 80g, 연두부 20g, 당근 10g
양념 진간장 ½작은술, 참기름 ¼작은술, 다진 마늘 ⅓작은술

1 미역 양념하기
불린 미역은 끓는 물에 살짝 데쳐 찬물에 헹궈 물기를 뺀 후 먹기 좋은 크기로 자르고 진간장과 참기름, 다진 마늘로 양념한다.

2 두부 으깨기
연두부는 체에 받쳐 물기를 빼면서 지그시 눌러 부드럽게 으깨고 당근은 곱게 채썬다.

3 섞기
넓은 그릇에 미역과 연두부를 넣어 고루 섞는다. 당근은 고명으로 올려도 되고 무칠 때부터 넣어도 된다.

맛 up

미역에 밑 양념을 하면 칼로리는 조금 높아져도 맛이 좋아진다. 저염식이나 담백한 음식에 거부감이 없어지기 시작하면 양념류를 조금씩 줄이거나 아예 빼도 맛있다.

칼로리 down

연두부는 순두부나 일반 고형두부에 비해 칼로리가 적고 미역의 부드러운 맛과 어울려 식감도 좋다. 추가하는 참기름을 참깨와 섞어 사용하면 칼로리를 줄일 수 있다.

헬스 up

부종 예방에 좋은 미역은 염분기를 충분히 제거해야 칼륨 섭취가 증가된다. 하지만 지나치게 오래 물에 불리면 영양성분이 손실되기 때문에 30분 이상 담가두지 않는다.

데친양배추무침

아삭하고 신선해 생으로 먹어도 맛좋은 양배추.
살캉거릴 정도로 데쳐 깨소금 양념을 넣으면 더욱 고소해져요.

밥과 반찬

1인분 30.5kcal

재료(2인분)
양배추 150g, 붉은 고추 ½개, 참기름 ½작은술, 깨소금 ½작은술, 소금 ½작은술

1 양배추 썰기
양배추는 한 잎씩 떼어 끓는 물에 살캉거릴 정도로 데친 후 먹기 좋은 크기로 네모지게 자르거나 채 썬다.

2 무치기
붉은 고추는 아주 곱게 다져 참기름과 깨소금, 소금을 넣어 버무린 후 양배추를 넣어 맛이 배도록 무친다.

맛 up
양배추를 데치지 않고 굵직하게 채썰어 무쳐도 좋은데 식초를 넣으면 절임의 맛을 즐길 수 있을 뿐 아니라 소화에도 이롭다.

칼로리 down
양배추는 식이섬유와 수분이 많고 생으로 먹어도 좋다. 추가하는 참기름 양을 참깨와 섞어 쓰면 칼로리를 줄일 수 있다.

헬스 up
양배추 겉껍질의 녹색 부분에는 비타민 A가, 속껍질의 흰 부분은 비타민 C가 많아 같이 먹는 것이 좋다. 양배추는 혈압과 혈당을 낮추는 기능이 있어 짜게 먹거나 달게 먹는 자극적인 입맛을 교정하는 데도 도움이 된다.

현미잡곡밥

현미는 칼로리는 적지 않지만 조금만 먹어도 포만감을 느낄 수 있어 다이어트 중에 활용하면 좋은 곡물이에요.

1인분 165.8kcal

재료(4인분)
현미 135g(1컵), 콩·보리, 흑미 등 모둠 잡곡 50g(½컵), 물 2컵

1 현미와 잡곡 씻기
현미와 모둠 잡곡을 섞어 깨끗한 물에 서너 번 이상 헹궈 물기를 뺀 후 잠시 둔다.

2 물 붓기
돌솥이나 스테인리스 냄비에 씻은 쌀을 담아 물을 붓고 밥을 짓는다.

3 불 조절하기
처음에는 센 불에서 끓이다가 불을 약하게 줄여 위아래를 뒤섞은 후 뜸을 들인다.

맛 up
현미는 씹을수록 고소한 맛이 커지는데 돌솥이나 재래식 뚝배기를 이용해서 밥을 지으면 식이섬유를 보존하면서 고소한 맛이 더 커진다.

칼로리 down
현미밥이 쌀밥에 비해 영양적으로 우수하지만 칼로리가 적은 것은 아니다. 하지만 현미에는 식이섬유가 풍부하여 쌀밥 1공기를 먹었을 때 느낄 수 있는 포만감을 ⅓공기만으로도 느낄 수 있기 때문에 과식을 덜하게 되어 칼로리가 줄게 된다.

헬스 up
현미에는 백미에 부족한 단백질이 풍부해 압력밥솥으로 짓게 되면 단백질 구성성분인 아미노산이 파괴되기 쉽다. 압력 기능이 없는 일반 밥솥으로 조리하도록 한다.

현미콩밥

식물성이지만 양질의 단백질이 많아 몸에 좋은 콩.
칼로리가 걱정된다면 강낭콩으로 밥을 지어 건강과 칼로리 모두 챙기세요.

밥과 반찬

1인분 167.8kcal

재료(4인분)
현미 135g(1컵), 메주콩·검은콩 50g(⅓컵), 물 2컵

1 현미와 콩 씻기
현미와 모둠 콩은 깨끗하게 씻어 건진 후 10~20분 정도 그대로 둔다.

2 밥 짓기
돌솥이나 냄비에 현미와 콩을 담고 물을 부어 밥을 짓는다.

맛 up
콩은 한두 종류만 넣어도 된다. 콩을 싫어하는 사람이라면 분쇄기에 넣어 2~3조각으로 나눠질 정도로 갈아서 밥을 지으면 한결 먹기 좋다.

칼로리 down
콩은 한 주먹 20g에 보통 70~80kcal이기 때문에 채소에 비해 저칼로리는 아니다. 콩밥을 지을 때는 콩이 쌀보다 비율이 높지 않도록 주의한다. 콩 중에는 강낭콩이 칼로리가 가장 적다.

헬스 up
콩은 식물성이지만 리신이나 류신 같은 필수 아미노산이 많아 양질의 단백질을 섭취할 수 있기 때문에 채식 위주의 식사를 한다면 콩을 주 3회 이상 섭취하도록 한다.

현미무밥

소화기능이 떨어질 땐 무를 먹어보세요.
무에 든 비타민 C를 꼭 챙기고 싶다면 흙이 묻어 있는 무를 골라야 해요.

1인분 198.8kcal

재료(4인분)
현미 135g(1컵), 멥쌀 70g(½컵), 무 100g, 물 1½컵
양념장 진간장 1큰술, 들기름 1작은술, 다진 마늘 ½작은술, 깨소금 ½작은술

1 현미와 멥쌀 씻기
현미와 멥쌀은 깨끗하게 씻어 물기를 빼고 잠시 그대로 둔다.

2 무 채썰기
무는 껍질째 씻어 굵직하게 채 썬다.

3 밥 짓기
돌솥이나 스테인리스 냄비에 씻은 쌀을 담고 그 위에 채썬 무를 얹어 가장자리로 물을 돌려가며 붓는다. 중간에 불을 약하게 줄이고 위아래를 고루 섞어 너무 질거나 되직하지 않도록 밥을 짓는다.

4 양념장 만들기
밥을 짓는 동안 재료를 고루 섞어 양념장을 만든다.

5 양념장 곁들이기
밥에 양념장을 곁들인다.

맛 up

밥맛을 더욱 감칠나게 하려면 무와 다시마를 넣어 끓인 육수를 밥물로 사용한다. 멸치육수는 넉넉히 만들어두었다가 국물이나 별미밥을 지을 때 넣으면 좋다.

칼로리 down

들기름의 칼로리가 걱정되거나 들기름 특유의 냄새가 싫다면 먹을 때 들깨를 조금 섞는다. 그러면 칼로리와 들기름 냄새가 모두 줄어든다.

헬스 up

무에는 소화를 촉진시키는 효소가 들어 있어 다이어트로 소화기능이 떨어질 때 먹으면 효과가 있다. 무 껍질에 비타민 C가 많이 들어 있어 껍질을 같이 먹는 것이 좋은데 씻어서 나온 무는 비타민 C 손실이 크기 때문에 흙이 묻은 무를 구입한다.

현미팥밥

밥을 지을 때 팥을 조금 더 넣어보세요.
조금만 먹어도 배부르고 이뇨작용도 촉진되어 부종형비만에는 딱 좋답니다!

밥과 반찬

1인분 163kcal

재료(2인분)
현미 135g(1컵), 불린 팥 67g(½컵), 팥 삶은 물 1½컵, 물 1컵, 소금 약간

1 팥 불리기
팥을 반나절 이상 불려 부드럽게 만들고 한 번 씻어 준비한다.

2 현미 씻기
현미는 깨끗하게 씻어 물기를 빼둔다.

3 팥 삶기
불려서 부드러워진 팥은 냄비에 담아 물을 붓고 소금을 약간 넣은 후 푹 무르도록 삶는다.

4 밥 짓기
돌솥이나 냄비에 현미와 삶은 팥을 담고 팥 삶은 물을 1½컵 정도 부어 밥을 짓는다. 중간에 위아래를 뒤섞은 후 뜸을 들인다.

맛 up
팥밥의 색이 진하면 더 맛있어 보인다. 팥을 물에 불릴 때 국자로 뒤적거려 공기 접촉을 많게 하면 팥물이 더 붉게 된다.

칼로리 down
팥은 다른 콩류에 비해 지방이 적고 식이섬유가 많아 포만감을 주므로 식사량 자체를 줄일 수 있다. 밥을 지을 때 팥 양을 조금 더 늘리고 쌀의 양을 줄이면 칼로리가 줄어드는 효과를 볼 수 있다.

헬스 up
탄수화물대사를 촉진시키는 팥에 현미까지 더하면 탄수화물중독증이 많은 한국인들에게 좋은 주식이 된다. 또한 팥 삶은 물에서 나오는 거품인 사포닌 성분이 이뇨작용을 촉진하기 때문에 부종형 비만에 좋다.

발아현미밥

영양만점 현미밥을 먹고 싶은데 소화가 잘 안 되어 걱정인가요?
발아현미밥을 지어보세요. 소화는 물론 칼로리 다운 효과까지 누릴 수 있어요.

1인분 193.8kcal

재료(4인분)
발아현미 210g(1⅓컵), 물 2⅓컵

1 집에서 직접 만든 발아현미 그대로 꺼내 솥에 담고 물을 부어 밥을 짓는다.

2 시중에서 파는 발아현미 3~4시간 정도 물에 담가두었다가 발아싹이 떨어지지 않도록 살살 건져 솥에 담고 밥물을 조금 넉넉히 잡아 밥을 짓는다.

★발아현미 만드는 방법은 다이어트 푸드 완전정복 4의 26쪽을 참조한다.

맛 up

발아현미로 밥을 지으면 효소 때문에 시큼한 냄새가 나므로 밥을 한 후 김이 다 빠지고 나서 먹도록 한다. 발아현미에 향이 나는 흑미 등을 더하면 먹기에 좋다.

칼로리 down

현미의 식이섬유가 발아를 하면서 더욱 강화되기 때문에 일반 현미에 비해서 포만감이 더 커져 반 공기만 먹어도 배가 부르다. 칼로리 절약 효과를 볼 수 있다.

헬스 up

현미 껍질에 있는 피틴산이 철분 흡수를 방해한다. 다이어트 중 생리 기간이어서 빈혈이 심할 때는 일반 현미밥 대신 발아현미를 먹는 것이 좋다. 또 현미를 먹고 소화가 안 되는 경우 발아현미로 바꾸면 소화불량을 막을 수 있다.

무채국

다이어트로 소화기능이 떨어질 땐 무를 먹어보세요. 또 가끔은 쇠고기육수를 사용해 시원한 맛과 감칠맛까지 up up!

1인분 24kcal

재료(2인분)
무 80g, 대파 10g, 들기름 ½작은술, 다시마멸치육수 2½컵, 다진 마늘 ½작은술, 소금 ½작은술

1 무와 대파 썰기
무는 껍질째 씻어 굵직하게 채 썰고, 대파도 무와 비슷한 길이로 채썰거나 길쭉하게 자른다.

2 끓이기
달군 팬에 들기름을 두르고 무채를 넣어 달달 볶다가 육수를 붓고 한소끔 끓인다.

3 간 맞추기
무가 투명해지고 나른하게 되면 다진 마늘과 소금으로 간을 맞춘다.

맛 up

칼로리가 조금 신경 쓰이긴 하지만 쇠고기육수를 사용하면 시원한 맛과 함께 감칠맛까지 더할 수 있어 좋다. 칼칼한 맛을 즐기고 싶다면 고춧가루를 약간 넣어 먹는다.

칼로리 down

들기름의 칼로리가 걱정된다면 들깨와 들기름을 반씩 섞어 사용하거나 들깨를 으깨어 기름으로 사용하면 칼로리를 조금이라도 줄일 수 있다.

헬스 up

무에는 소화를 촉진시키는 효소가 들어 있어 다이어트로 소화기능이 떨어질 때 먹으면 효과가 있다. 또한 무 껍질에 비타민 C가 많이 들어 있어 껍질을 같이 먹는 것이 좋은데 껍질에 상처가 나지 않도록 부드러운 솔로 살살 씻어 조리한다.

얼갈이배추된장국

저칼로리 식품인 배추는 다이어트 중에 가까이 해야 하는 착한 재료예요.
된장을 넣어 구수한 국으로 끓여 입맛을 돋워보세요.

1인분 17.5kcal

재료(2인분)
데친 얼갈이배추 80g, 양파 20g, 붉은 고추 5g, 멸치육수 2컵, 된장 ⅓작은술

1 채소 썰기
데친 얼갈이배추는 먹기 좋은 크기로 송송 썰고 양파와 고추는 모두 곱게 채썬다.

2 끓이기
멸치육수를 냄비에 담아 한소끔 끓이다가 데친 얼갈이배추를 넣고 2~3분 정도 센 불에서 끓인 후 된장을 넣어 심심하게 국을 끓인다.

3 양파와 고추 넣기
불에서 내리기 전에 양파와 고추를 넣어 한 번 더 살짝 끓인다.

TIP 다이어트 중에 소화가 잘 안 된다면 배추 대신 근대를 넣어 근대된장국을 끓여보세요.
대표적인 저칼로리 식품인 근대는 조직이 부드러워 소화가 잘되고, 식물성칼슘과 비타민 A가 많아 항암식품으로 각광받고 있는 착한 재료예요.

맛 up
된장은 맨 나중에 넣고 풀어 구수한 향을 살린다. 멸치육수 대신 곱게 빻은 멸치가루를 1작은술 정도 넣고 끓여도 맛있다.

칼로리 down
배추 자체가 저칼로리 식품이기 때문에 조리할 때 장 첨가에만 신경 쓰면 된다. 배추 80g이 9kcal인 것에 비해 된장은 밥 한 숟가락 분량인 24g에 39kcal이니 주의해야 한다.

헬스 up
한식의 아킬레스건이라고 할 수 있는 나트륨의 섭취량을 줄이기 위해 짜게 먹는 습관을 고쳐야 한다. 육수 자체도 짜기 때문에 농도가 진한 찌개보다는 국이 좋고 하루에 한 번 정도만 먹도록 한다.

두부팟국

다이어트 중 민감한 속을 달랠 때는 두부가 좋아요.
순두부, 연두부, 고형두부 등을 고루고루 즐겨보세요.

1인분 58.5kcal

밥과 반찬

재료(2인분)
두부 100g, 대파 20g, 멸치다시마 육수 2½컵, 메추리알 1개, 소금 ⅓작은술, 후춧가루 약간

1 두부와 대파 썰기
두부는 물기를 닦고 나무젓가락 굵기, 3cm 길이로 길쭉하게 자른다. 대파도 두부와 비슷한 길이로 자른다.

2 버무리기
메추리알을 깨뜨려 그릇에 담고 고루 푼 후 대파를 넣어 가볍게 버무린다.

3 끓이기
냄비에 육수를 담고 한소끔 끓인 후 두부와 메추리알에 버무린 대파를 넣어 3분 정도 센 불에서 끓이다가 소금과 후춧가루로 맛을 낸다.

맛 up
파에 메추리알이나 달걀 푼 물을 입히면 푹 끓여도 지나치게 뭉그러지지 않고 파의 푸른색이 적당히 살아 있어 식감을 살릴 수 있다.

칼로리 down
단단한 두부는 부드러운 두부에 비해 칼로리가 높은 편이다. 하지만 칼슘 함유량이 많아 무조건 피할 필요는 없고 연두부, 순두부, 고형두부를 골고루 먹는 것이 좋다.

헬스 up
두부는 소화 흡수율이 95%로, 65%인 콩에 비해 소화율이 높아 다이어트 중에 민감해진 속을 달래는 데 좋다. 하지만 콩을 두부로 만드는 과정에서 비타민 B가 손실되기 쉬우므로 비타민 B가 풍부한 채소반찬과 같이 먹도록 한다.

달걀국

부담 없이 담백하게 즐길 수 있는 달걀국.
맑은 국물이 싫다면 녹말물을 넣어 국물을 걸쭉하게 만들면 더 맛있답니다!

1인분 54kcal

재료(2인분)
달걀 50g(1개 분량), 양파 20g, 당근 10g, 멸치다시마육수 2컵, 참기름 ½작은술, 소금 ½작은술, 후춧가루 약간

1 달걀 풀기
달걀은 곱게 풀고 양파와 당근은 잘게 채썬다.

2 육수 넣어 끓이기
멸치다시마육수를 냄비에 담고 한소끔 끓으면 양파와 당근을 넣어 한 번 더 끓인다. 여기에 달걀 푼 물을 넣어 마지막으로 조금 더 끓인다.

3 간 맞추기
불에서 내리기 전에 참기름을 넣어 향을 더하고 소금과 후춧가루로 간을 맞춘다.

맛 up
맑은 국물의 국이라 멀겋게 느껴질 수 있다. 1작은술 정도의 녹말물을 넣어 국물을 약간 걸쭉하게 만들면 더 맛있게 즐길 수 있다.

칼로리 down
달걀을 넣을 때 노른자를 반 정도 덜어서 넣으면 칼로리를 줄이면서 담백하게 먹을 수 있다. 참기름을 넣지 않아도 담백하므로 참기름을 빼 칼로리를 줄인다.

헬스 up
달걀의 콜레스테롤은 같은 양의 메추리알이나 오리알에 비해 적은 편이다. 그래도 콜레스테롤이 걱정된다면 마른오징어 껍질에 있는 흰색 가루의 타우린 성분을 털어서 육수를 낼 때 넣는다.

시금치바지락국

보기만 해도 바다의 향이 물씬 나는 바지락.
시금치와 끓여 구수하면서도 시원한 맛을 느껴보세요.

1인분 67.5kcal

재료(2인분)
시금치 100g, 바지락 150g,
물 2½컵, 된장 5g

1 시금치 데쳐 무치기
시금치는 깨끗하게 씻어 끓는 물에 살짝 데친 후 찬물에 헹군다. 먹기 좋은 크기로 자르고 된장을 넣어 애벌로 무친다.

2 바지락 끓이기
바지락은 해감을 토하게 한 후 바락바락 문질러 깨끗하게 씻어 입을 벌릴 때까지 끓인다.

3 시금치 넣어 끓이기
바지락을 끓일 때 생기는 거품을 걷어낸 후 된장 무친 시금치를 넣어 2분 정도 더 끓인다.

맛 up
조개를 넣어 국을 끓일 때 조갯살만 넣는 것보다 껍질째 조리하는 것이 좋다. 조개가 익으면서 껍질이 벌어져 음식의 양이 푸짐하게 보인다. 조개로 음식을 만들 때는 무엇보다 선도가 좋아야 한다.

칼로리 down
조개는 껍질을 벗기면 무게의 반 정도만 실제로 먹게 되는 셈이다. 음식 양이 푸짐해 보여 자신이 실제 먹는 양보다 더 포만감을 느껴 조갯살만 넣는 것보다 칼로리를 줄일 수 있다.

헬스 up
바지락은 다른 어패류에 비해 비타민 A가 많아 노화 방지에 도움이 되고 철분 흡수를 돕는 구리성분이 들어 있어 생리 후 어지러울 때 먹으면 빈혈 방지에 도움이 된다.

홍합미역국

쫄깃하고 도톰한 살도 맛있지만 국물 맛이 일품인 홍합.
홍합은 오염된 물에서도 잘 사니까 꼭 깨끗하게 씻어주고 여름엔 피하세요.

1인분 44kcal

재료(2인분)
홍합살 100g, 불린 미역 80g, 물 2½컵, 국간장 ½작은술, 맛술 ½작은술

1 홍합 손질하기
홍합은 싱싱한 것으로 준비해 살만 발라낸 후 깨끗하게 손질해 헹군다.

2 미역 자르기
불린 미역은 먹기 좋은 크기로 자른다.

3 끓이기
냄비에 물을 담고 홍합살을 넣어 5분 정도 센 불에서 끓이다가 미역을 넣어 한소끔 더 끓인다. 국간장과 맛술로 맛을 낸다.

맛 up
홍합은 생홍합 대신 마른홍합을 사용해도 좋은데 생수에 담가 부드럽게 불린 후 그 물로 국을 끓인다. 홍합이 제철이 아니어서 구하기 어려울 때는 냉동으로 파는 그린홍합을 이용해 살만 발라 국을 끓여도 시원하다. 그린홍합 1개의 무게는 22g 정도이다.

칼로리 down
홍합도 저지방 식품이지만 조개류 중에 모시조개가 칼로리가 조금 더 적다. 미역국을 끓일 때 홍합과 모시조개를 번갈아 넣어보자.

헬스 up
홍합은 오염된 물에서도 잘 살기 때문에 여름에는 피하도록 하고 생식은 절대로 하지 않는다. 홍합의 콜레스테롤은 미역의 알긴산이 흡수해주므로 해조류와 같이 먹는 것이 좋다.

청국장찌개

지방 분해에 탁월한 효과를 보이는 청국장은 자주 먹으면 좋은 음식.
김치를 넣으면 칼칼한 맛이 돌아 더욱 맛있게 느껴지죠.

밥과
반찬

1인분 35.5kcal

재료(2인분)
청국장 20g, 무 70g, 호박 30g,
멸치다시마육수 2½컵, 고춧가루
⅓작은술

1 무와 호박 자르기
무와 호박은 한입에 먹기 좋은
크기로 네모지게 자른다.

2 끓이기
냄비에 육수를 붓고 끓이다가
무와 호박을 먼저 넣어 이들 재료가
익으면서 떠오르면 청국장을 풀고
한소끔 더 끓인다.

3 고춧가루 넣기
불에서 내리기 전에 고춧가루
를 약간 넣어 칼칼한 맛을 더해도
좋다.

맛 up
청국장찌개를 끓일 때 김치를 넣으면 칼칼한 맛이 돌아 더욱 맛있게 느껴진다. 단 김치는 양념을 깨끗하게 씻어 적은 양만 넣어 맛을 낸다. 무나 호박 등의 채소 대신 청양고추를 썰어 넣어도 칼칼한 맛을 더할 수 있다.

칼로리 down
청국장은 콩을 발효시켜 만든 것이므로 따로 두부를 추가해 넣는 것보다 칼로리가 적은 호박이나 무를 넣어 저칼로리식으로 만들어 보자.

헬스 up
청국장은 발효하면서 지질 분해에 도움이 되는 리보플라빈 수치가 증가하게 된다. 육류를 먹을 때 청국장과 함께 먹으면 지방 분해 효과를 볼 수 있다.

북어콩나물국

단백질이 풍부하고 숙취 해소에 좋은 북어. 하지만 비타민 C가 부족해요.
비타민 C가 듬뿍 든 콩나물과 함께 요리해 영양도 듬뿍 챙기세요.

1인분 77kcal

재료(2인분)
북어포 30g, 콩나물 100g, 물 2½컵, 참기름 ½작은술, 다진 마늘 ½작은술, 소금 ½작은술, 후춧가루 약간

1 북어포 준비하기
북어포는 찢어 놓은 것으로 준비해 찬물에 담갔다가 얼른 건져 물기를 뺀 후 참기름을 넣어 조물조물 무쳐 놓는다.

2 콩나물 넣어 끓이기
달군 냄비에 참기름에 잰 북어포를 넣어 달달 볶다가 콩나물과 물을 붓고 뚜껑을 덮어 10분 정도 끓인다.

3 맛 내기
다진 마늘과 소금, 후춧가루를 넣어 맛을 낸 후 불에서 내린다. 실파를 송송 얹어 색을 더해도 좋다.

맛 up
북어로 국을 끓일 때 된장을 풀어도 구수하고 맛있다. 참기름 대신 멸치가루를 약간 넣어 맛을 내면 더욱 진한 맛을 즐길 수 있다.

칼로리 down
콩나물 자체가 향이 있기 때문에 참기름을 빼면 칼로리도 줄고 맛도 담백하다.

헬스 up
과음 후 숙취 해소에 좋은 북어는 칼로리가 적으면서도 동물성단백질이 풍부한 건강 다이어트식이다. 하지만 비타민 C는 거의 없기 때문에 비타민 C가 풍부한 콩나물과 함께 먹으면 영양균형을 맞출 수 있다.

호박된장찌개

입맛 없을 땐 호박을 큼직하게 잘라 넣어 된장찌개를 끓여보세요.
구수한 된장향에 입맛이 살고 노화 방지에도 좋아요.

밥과 반찬

1인분 55kcal

재료(2인분)
애호박 100g, 두부 50g, 청양고추 5g, 된장 10g, 멸치다시마육수 2½컵

1 두부와 채소 썰기
애호박과 두부는 먹기 좋은 크기로 네모나게 자르고, 고추는 송송 썬다.

2 육수 넣어 끓이기
육수를 한소끔 끓이다가 호박과 두부를 넣고 2~3분 더 끓인다.

3 된장 풀기
호박이 살캉거릴 정도로 익으면 된장을 풀어 넣고 한소끔 더 끓이다가 고추를 넣어 칼칼한 맛을 더한다.

맛 up

호박은 쉽게 무르기 때문에 찌개를 끓일 때는 큼직하게 자른다. 두부는 너무 크게 자르면 속까지 뜨거움이 느껴져 먹기 힘들므로 적당한 크기로 자른다. 된장찌개를 끓일 때는 다진 마늘을 넣지 않아야 된장의 향과 맛을 살릴 수 있다.

칼로리 down

찌개에 사용되는 애호박은 샐러드나 죽에 사용되는 단호박에 비해 칼로리가 무척 적기 때문에 된장찌개 재료에 많이 넣어도 좋다. 두부는 애호박보다 칼로리가 높기 때문에 애호박 분량을 넘지 않도록 조절한다.

헬스 up

애호박은 지용성비타민 A가 많은데 기름을 조금 첨가하면 흡수율을 높일 수 있다. 호박볶음으로 먹거나 끓는 물에 살짝 데쳐 들기름이나 참기름을 넣으면 비타민 A의 흡수율을 높이면서 노화 방지에도 도움이 된다.

MENU 7

가벼워서 더 좋은 다이어트 도시락 싸기

매직 푸드와 착한 재료로 만들어서
더 가볍고 날씬한 다이어트 도식락이에요.

현미취나물쌈밥 도시락

달걀감자샐러드는 전채음식으로 즐기고, 건강과 칼로리를 생각해서 빵 대신 쌈밥으로 영양을 주어요. 칼로리가 낮은 과일을 곁들이면 더 좋겠죠.

1인분 329kcal

도시락

현미취나물쌈밥 1인분 244.5kcal

재료(2인분)
현미밥 280g, 생취나물 잎 50g, 된장 ½큰술, 들기름 ½작은술, 들깨 1작은술

1. **생취 찌기**
   생취는 손질해 끓는 물에 살짝 데치거나 한 김 오른 찜통에 넣어 부드럽게 찐다.
2. **현미밥 양념하기**
   현미밥에 된장과 들기름, 들깨를 넣어 고루 섞는다.
3. **취나물 잎으로 밥 돌돌 싸기**
   데친 취나물 잎을 펼친 후 양념한 현미밥을 넣어 보자기 싸듯 돌돌 만다.

달걀감자샐러드 1인분 84.5kcal

재료(2인분)
달걀 50g, 감자 100g, 올리고당 ½작은술, 머스터드소스 ½작은술, 다진 땅콩 5g, 소금 약간

1. **달걀 삶아 다지기**
   달걀은 완숙으로 푹 삶아 껍질을 벗기고 굵직하게 다진다.
2. **감자 삶기**
   감자는 껍질째 씻어 큼직하게 자른 후 끓는 물에 소금을 약간 넣어 삶는다.
3. **섞기**
   올리고당과 머스터드소스, 굵직하게 다진 땅콩을 넣어 고루 버무린 후 달걀과 감자를 넣어 섞는다.

맛 up
감자와 달걀의 부드러운 맛이 머스터드소스와 잘 어울린다. 토마토나 사과 등 칼로리가 낮은 과일을 디저트로 함께 담아도 좋다.

칼로리 down
머스터드소스에 들어가는 땅콩의 분량을 줄이고 현미취나물쌈밥을 만들 때 들기름과 들깨 양을 같이 줄이거나 들기름 대신 들깨로 대체해도 칼로리를 줄일 수 있다.

헬스 up
감자는 저칼로리 식품이지만 혈당지수가 높기 때문에 달걀이나 현미와 같이 혈당지수가 낮은 식품과 같이 먹으면 좋다. 또 취나물처럼 식이섬유가 많은 나물과 같이 먹으면 감자의 높은 혈당지수를 떨어뜨릴 수 있다.

닭고기카레볶음밥

카레에 든 강황은 항암 효과가 있고 치매 예방에 좋은데 피망을 함께 먹으면 효과가 더 좋지요.
두부는 조리하기 전에 물기를 잘 닦아야 도시락을 쌀 때 국물이 새지 않아 깔끔해요.

1인분 368.5kcal

도시락

닭고기카레볶음밥 1인분 300kcal

재료(2인분)
현미밥 280g, 닭가슴살 50g, 양파 30g, 당근 20g, 카레가루 10g, 올리브유 ½큰술, 소금 약간

1. **닭가슴살 썰기**
   닭가슴살은 흐르는 물에 씻어 땅콩만 한 크기로 잘게 자른다.
2. **채소 썰기**
   양파와 당근을 손질해 닭고기만 한 크기로 자른다.
3. **카레 넣어 볶기**
   달군 팬에 올리브유를 두르고 닭고기와 양파, 당근을 넣어 볶다가 카레가루를 넣어 고루 섞어가며 볶는다.
4. **밥 넣어 볶기**
   모든 재료가 잘 어우러지면 현미밥을 넣고 섞은 후 모자라는 간은 소금으로 맞춘다.

양배추두부쌈 1인분 68.5kcal

재료(2인분)
양배추 100g, 두부 50g, 올리브유 1작은술, 진간장 ½작은술, 들기름 ½작은술, 소금·후춧가루 약간씩

1. **양배추 찌기**
   양배추는 굵은 심을 도려내고 넓은 잎을 펼쳐 끓는 물에 삶거나 찜통에 쪄 손바닥으로 눌러 물기를 빼면서 좀 더 나른하게 만든다.
2. **두부 썰기**
   두부는 사방 1cm 크기의 큐브 모양으로 잘라 종이타월 위에 올려 물기를 충분히 뺀다.
3. **두부 볶기**
   달군 팬에 올리브유를 두르고 진간장, 들기름, 소금, 후춧가루를 넣어 두부가 으깨지지 않도록 볶는다.
4. **쌈 싸기**
   양배추 잎을 펼치고 두부를 적당히 얹어 쌈을 싼다.

맛 up
카레가루를 넣고 볶은 밥은 식욕을 돋우기에 좋다. 깔끔한 맛의 양배추로 싼 두부쌈은 강한 카레맛을 누그러뜨릴 수 있어 카레볶음밥과 잘 어울린다.

칼로리 down
두부와 닭고기가 같이 들어가는 고단백 식품이기 때문에 두부의 양을 줄이고 들기름과 올리브유 양을 줄이면 칼로리가 절약된다.

헬스 up
카레의 노란색은 강황이라는 식물의 천연색소인데 강황에서 나온 커큐민은 염증을 완화하고 항암 효과가 있으며 치매 예방에도 도움이 된다. 카레라이스를 만들 때 항산화 기능이 높은 피망을 같이 먹으면 효과를 더 증가시킬 수 있다.

미역고추장회와 표고버섯구이

필수아미노산이 많고 글루타민이 풍부한 버섯은 육류 대신으로 적당해요.
새콤매콤한 초고추장에 미역을 살짝 찍어 먹으면 상큼한 바다의 맛도 그대로 느낄 수 있어요.

1인분 215kcal

현미팥밥 1인분 163kcal

만드는 법은 195쪽 참조.

도시락

미역고추장회 1인분 17.5kcal

재료(2인분)
불린 미역 50g, 오이 30g, 고추장 1작은술, 식초 ½작은술, 올리고당 ½작은술

1 미역 자르기
불린 미역은 끓는 물에 데친 후 먹기 좋은 크기로 자른다.

2 오이 채썰기
오이는 껍질째 씻어 굵직하게 채썬다.

3 초고추장 만들기
고추장에 식초, 올리고당을 더해 초고추장을 만든다.

4 용기에 담기
밀폐용기에 미역과 오이를 담고 작은 용기에 초고추장을 담는다.

맛 up
표고버섯구이를 꼬치에 꿰어 도시락에 담으면 더 맛깔나 보인다. 팥밥은 눌러지지 않게 포슬포슬 펴가며 담아야 식어도 맛있다.

칼로리 down
고추장은 고춧가루에 비해 칼로리가 높기 때문에 한 번에 적게 찍어 먹는 것이 좋다. 버섯구이를 할 때 두껍고 코팅이 잘된 팬을 사용하면 기름 사용량을 줄여 칼로리를 줄일 수 있다.

표고버섯구이 1인분 34.5kcal

재료(2인분)
표고버섯 70g, 소금 약간, 올리브유 1작은술

1 버섯 자르기
버섯은 기둥이 아래로 가게 잡아 톡톡 턴 후 기둥을 잘라내고 반으로 자른다.

2 굽기
달군 팬에 올리브유를 두르고 버섯을 넣어 앞뒤로 뒤집어가며 굽다가 소금으로 간한다.

헬스 up
버섯은 필수아미노산이 많고 글루타민이 풍부해서 육류 대신 사용해도 손색이 없다. 팥밥 자체도 포만감을 많이 주어 동물성단백질이 적어도 괜찮다. 버섯의 향은 열에 약하기 때문에 살짝 굽는 것이 좋다.

연어찌라시초밥

연어를 손톱만 한 크기로 잘라 만드는 연어찌라시초밥은 연어의 맛은 그대로 살리면서 필요에 따라 연어 양을 조절할 수 있어 손쉬워요.

1인분 372kcal

연어찌라시초밥 1인분 344.5kcal

도시락

재료(2인분)
훈제연어 50g, 달걀 50g, 칵테일새우 40g, 통깨 1작은술, 현미밥 280g, 올리브유 ½작은술
배합초 식초 ½작은술, 설탕 ½작은술, 소금 약간

1 **훈제연어 자르기**
훈제연어는 종이타월 위에 올려 기름기를 약간 닦아낸 후 손톱만 한 크기로 자른다.

2 **달걀지단 부치기**
달걀은 곱게 풀어 달군 팬에 올리브유를 두르고 지단을 부쳐 곱게 채썬다.

3 **새우 볶기**
칵테일새우는 지단 부친 팬에 넣어 살짝 볶아 익히고 다른 간이나 양념은 하지 않는다.

4 **배합초 섞기**
밥이 따뜻할 때 설탕이 녹을 정도로만 살짝 끓인 배합초를 넣어 가볍게 섞는다.

5 **도시락에 담기**
밥을 도시락에 담고 연어와 달걀지단채, 새우를 얹고 통깨를 솔솔 뿌린다.

양파즉석피클 1인분 27.5kcal

재료(2인분)
양파 100g, 진간장 ½큰술, 설탕 1작은술, 식초 ½큰술, 소금 약간, 물 ⅔컵

1 **양파 썰기**
양파는 손질해 굵직하게 저며 썬다.

2 **장물 만들기**
냄비에 물을 담고 진간장과 설탕, 식초, 소금 등을 넣어 한소끔 팔팔 끓인 후 식힌다.

3 **절이기**
식힌 장물에 양파를 넣어 절인다.

맛 up

양파피클은 미리 담가 냉장고에 넣어두면 도시락 쌀 때 편리하고 시원한 맛을 느낄 수 있다. 연어찌라시초밥은 다소 번거롭게 느껴지지만 한두 번 만들다 보면 익숙해져 쉽고 먹기에도 좋다.

칼로리 down

훈제연어나 달걀노른자 양을 줄이면 칼로리를 줄일 수 있다. 초밥 자체에 간이 많이 배어 있어 맛있게 먹다 보면 과식을 하기 쉬운데 식이섬유가 많은 현미밥이 과식을 막아준다.

헬스 up

훈제연어는 가공처리 과정에서 나트륨이 증가하기 때문에 배합초를 만들 때 간장의 양을 줄이거나 저염간장을 사용하는 것이 좋다. 양파피클에 들어가는 진간장 역시 저염간장을 사용하면 나트륨 함량을 줄일 수 있다.

오징어구이 도시락

서로를 도와주는 매우 균형잡힌 식단이에요. 오징어에 없는 식이섬유는 사과에서 보충하고, 현미의 베타시토스테롤 성분은 오징어의 콜레스테롤을 줄여줘요.

1인분 433.3kcal

도시락

발아현미밥 1인분 193.8kcal

만드는 법은 196쪽 참조.

오징어구이 1인분 127kcal

재료(2인분)
오징어 100g, 된장 1큰술, 참기름 ½작은술, 다진 청양고추 10g, 올리브유 1큰술

1. **오징어 손질하기**
   오징어는 껍질을 벗기고 앞뒤로 잔칼집을 넣는다.
2. **양념 바르기**
   된장에 참기름, 다진 청양고추를 더해 고루 섞은 후 칼집 낸 오징어에 덧바른다.
3. **굽기**
   달군 팬에 올리브유를 두르고 된장 바른 오징어를 넣어 오그라들지 않도록 가장자리를 눌러가며 구운 후 먹기 좋은 크기로 자른다.

사과샐러드 1인분 112.5kcal

재료(2인분)
사과 150g, 레몬즙 1작은술, 아몬드 20g, 플레인요구르트 30g

1. **사과 썰기**
   사과는 껍질째 씻어 물기를 닦고 굵직하게 채썰어 레몬즙을 뿌린다.
2. **요구르트소스 만들기**
   플레인요구르트에 아몬드를 굵직하게 다져 넣는다.
3. **소스는 용기에 담기**
   소스는 먹기 전에 바로 사과와 버무려 먹을 수 있도록 따로 담는다.

맛 up

발아현미밥은 오래 씹을수록 구수하며 식어도 그 맛이 유지된다. 오징어구이에 곁들이 채소가 적은 대신 사과샐러드로 입가심을 하고 부족한 무기질도 챙길 수 있다.

칼로리 down

오징어구이에서 참기름 대신 참깨를 넣으면 칼로리를 줄일 수 있다. 샐러드의 아몬드 분량을 줄이고 떠먹는 호상요구르트보다 마시는 액상요구르트를 선택하면 칼로리를 줄일 수 있다.

헬스 up

오징어에 없는 식이섬유를 사과를 통해 보충할 수 있고 현미의 베타시토스테롤을 통해 오징어의 콜레스테롤을 줄여줄 수 있어 균형 있는 식단을 만들 수 있다.

양상추낫토쌈과 호박죽

호박죽은 식어도 맛있기 때문에 도시락 식단으로는 그만이에요.
죽은 포만감이 쉽게 사라지기 때문에 닭가슴살 등의 동물성단백질을 함께 먹으면 속이 든든해서 좋아요.

1인분 226.7kcal

도시락

양상추낫토쌈 1인분 61.2kcal

재료(2인분)
양상추 60g, 낫토 50g, 유자청 1작은술, 진간장 ½작은술

1. **양상추 자르기**
   양상추는 씻어 물기를 빼고 손바닥만 한 크기로 자른다.
2. **낫토 양념하기**
   낫토에 유자청과 진간장을 넣어 고루 섞는다. 양상추 위에 적당히 덜어 담는다.
3. **그릇에 담기**
   양상추가 옆으로 흐르거나 쏟아지지 않도록 적당한 도시락 그릇을 준비하여 담는다.

닭가슴살꼬치 1인분 99kcal

재료(2인분)
닭가슴살 100g, 마늘 15g, 올리브유 ½큰술
양념장 고춧가루 1작은술, 다진 마늘 ½작은술, 맛술 ½작은술, 소금·후춧가루 약간씩

1. **닭가슴살 삶기**
   닭가슴살은 끓는 물에 소금을 약간 넣어 삶아 건진 후 한입 먹기 좋은 크기로 자른다.
2. **꼬치 꿰기**
   마늘은 도톰하게 저며 썰어 닭고기와 어우러지게 꼬치에 꿴다.
3. **굽기**
   분량의 양념장 재료를 고루 섞어 꼬치에 바른 후 달군 팬에 올리브유를 두르고 앞뒤로 뒤집어가며 굽는다.

맛 up

호박죽은 식어도 맛이 변하지 않고 닭고기도 데쳐서 양념한 것이므로 누린내가 나지 않는다. 닭꼬치는 기름 두른 팬에 굽지 않고 190℃로 예열한 오븐에 10분 정도 구워 준비하면 더 맛있다.

칼로리 down

유자에 꿀이나 설탕을 섞어서 만든 유자청소스는 7g에 43.4kcal이기 때문에 유자청 대신 올리고당을 섞은 유자를 넣으면 칼로리를 줄일 수 있다.

호박죽 1인분 66.5kcal

재료(2인분)
단호박 100g, 멥쌀가루 30g, 소금 약간, 물 1컵

1. **단호박 으깨기**
   단호박은 속과 씨를 정리하여 껍질째 찐 후 으깬다.
2. **끓이기**
   냄비에 단호박을 담고 물을 부어 한소끔 끓이다가 멥쌀가루를 넣고 저어가며 끓인다. 소금을 약간 넣어 간을 맞춘다.

헬스 up

죽은 포만감이 오래 가지 못하기 때문에 동물성단백질인 닭가슴살과 식이섬유가 많은 양상추를 같이 먹어 포만감을 오래 유지하고 영양균형도 맞출 수 있다.

피망두부채움구이 도시락

피망 안에 두부를 채워 오븐에 구으면 식어도 느끼하지 않아 좋아요.
피망의 씨에는 지방을 분해하는 캡사이신이라는 성분이 들어 있으니 조리할 때 모두 제거하지 마세요.

1인분 248.3kcal

도시락

현미잡곡밥 1인분 165.8kcal

만드는 법은 192쪽 참조.

피망두부채움구이 1인분 63.5kcal

재료(2인분)
피망 50g, 두부 80g, 당근 20g, 다진 파 20g, 들기름 1작은술, 소금·후춧가루 약간씩

1. **피망 자르기**
   피망은 너무 크지 않은 것으로 준비해 1cm 폭으로 자른다.
2. **두부 으깨고 당근 다지기**
   두부는 체에 밭쳐 물기를 빼면서 곱게 으깨고 당근도 곱게 다진다.
3. **양념하기**
   두부에 당근과 다진 파, 들기름, 소금, 후춧가루를 넣고 고루 섞어 양념한다.
4. **굽기**
   피망에 양념한 두부를 채워 170℃로 예열한 오븐에 넣어 15분 정도 굽는다.

맛 up
피망에 두부를 채워 오븐에 구웠기 때문에 기름에 구운 것보다는 칼로리가 적고 식어도 느끼하지 않다. 무생채는 액젓으로 간해 간간한 맛이 좋아 입안을 개운하게 한다.

칼로리 down
두부의 분량을 줄이고 들기름을 들깨와 섞어서 조리하면 칼로리를 줄일 수 있다.

헬스 up
피망의 씨에는 지방을 분해하는 캡사이신이 다량 함유되어 있으므로 씨를 완전히 제거하지 않도록 한다. 붉은 피망에는 푸른 피망보다 비타민 A, C, E 등의 항산화 기능을 하는 비타민이 조금 더 들어 있어 몸에 더 좋다.

무생채 1인분 19kcal

재료(2인분)
무 100g, 대파 20g
양념 고춧가루 1작은술, 멸치액젓 ⅔작은술, 다진 마늘 ½작은술, 설탕 ⅓작은술, 소금 약간

1. **무 채썰기**
   무는 껍질째 씻어 곱게 채썰어 소금을 뿌려 약하게 간한 후 물기를 꼭 짠다.
2. **대파 썰기**
   대파는 송송 썬다.
3. **무치기**
   분량의 양념 재료를 넣고 잘 섞은 후 무를 넣고 양념이 배도록 고루 무친다.

청국장두부무침 도시락

동물성·식물성 단백질이 풍부한 도시락이에요. 쇠고기의 콜레스테롤을 청국장이 분해해주어 함께 넣으면 좋지요. 사과나 배 등의 디저트를 좀 더 추가하면 영양의 균형을 잘 맞출 수 있답니다.

1인분 374kcal

도시락

현미팥밥 1인분 163kcal

만드는 법은 195쪽 참조.

청국장두부무침 1인분 85kcal

재료(2인분)
청국장 1큰술, 두부 100g, 풋고추 10g, 들기름 1작은술, 다진 마늘 ½작은술

1 두부와 풋고추 다지기
두부는 체에 밭쳐 물기를 빼면서 곱게 으깨고 풋고추도 곱게 다진다.

2 섞기
두부에 풋고추와 들기름, 다진 마늘을 넣고 섞은 후 청국장을 넣어 고루 섞는다.

쇠고기장조림 1인분 126kcal

재료(2인분)
쇠고기 양지머리 100g, 마늘 5쪽, 양파 30g **조림장** 진간장 2큰술, 설탕 ½큰술, 맛술 1작은술, 소금 약간, 물 1½컵, 청양고추 10g

1 쇠고기 삶기
쇠고기 양지머리는 큼직하게 잘라 끓는 물에 넣어 2~3분 데치듯 삶아 건진다.

2 조림장 만들어 조리기
조림장 재료를 냄비에 모두 담고 양지머리와 마늘, 굵직하게 자른 양파를 넣어 국물이 반으로 줄어들 때까지 조린다.

맛 up

쇠고기장조림은 칼로리가 높고 짠맛이 진하므로 적당한 양을 덜어 도시락에 담는 것이 좋다.

칼로리 down

청국장과 두부에 단백질이 많기 때문에 쇠고기 양지머리의 양을 줄이면 칼로리와 콜레스테롤을 줄일 수 있다. 청국장두부무침에 들기름 대신 들깨를 넣어도 칼로리가 절약된다.

헬스 up

쇠고기의 콜레스테롤을 청국장이 분해하므로 음식궁합이 좋은 편. 또 장조림을 저염간장으로 만들면 나트륨 함량을 줄일 수 있다.

채소김밥과 새우마늘꼬치구이

야외에 들고 나가기 편리한 도시락으론 김밥이 최고지요.
밥의 양을 줄이고 채소를 더 넣어 김밥을 말아보세요. 맛도 좋고 칼로리도 줄일 수 있답니다.

1인분 391.5kcal

채소김밥 1인분 279.5kcal

재료(2인분)
현미밥 280g, 우엉 50g, 오이 50g, 당근 50g, 소금 약간, 구운 김 2장 **조림장** 간장 1작은술, 참기름 ½작은술, 맛술 ½작은술, 올리브유 1작은술

1 **우엉 준비하기**
우엉은 껍질을 벗기고 굵직하게 채썰어 끓는 물에 데친다.

2 **채소 준비하기**
오이와 당근도 깨끗이 손질해 우엉과 비슷한 크기로 채썬다. 오이는 소금을 약간 뿌려 간한 후 물기를 짠다. 당근은 달군 팬에 물을 약간 부어 살캉거리도록 익힌 후 건진다.

3 **우엉 조리기**
팬에 분량의 조림장 재료와 데친 우엉을 넣어 국물이 바특하게 되도록 중불에서 조린다.

4 **현미밥 볶기**
우엉 조린 팬에 현미밥을 넣어 살짝 볶아 식힌다.

5 **김밥 말기**
구운 김을 김발 위에 펼치고 현미밥을 고루 펴 얹은 후 우엉과 오이, 당근 등을 얹어 돌돌 말아 먹기 좋은 크기로 자른다.

새우마늘꼬치구이 1인분 112kcal

재료(2인분)
칵테일새우 100g, 마늘 15g, 올리브유 ½큰술, 소금·후춧가루 약간씩, 맛술 1작은술

1 **새우와 마늘 준비하기**
새우는 연하게 푼 소금물에 담갔다가 건지고 마늘은 도톰하게 저며 썬다.

2 **꼬치 꿰어 밑양념하기**
새우와 마늘을 꼬치에 꿰고 소금과 후춧가루, 맛술을 뿌려 밑양념을 한다.

3 **굽기**
달군 팬에 올리브유를 두르고 새우꼬치를 넣어 살짝 굽는다. 기름에 굽는 대신 190℃로 예열한 오븐에 넣어 10분 정도 구워도 된다.

맛 up
채소김밥은 씹는 맛을 살리되 물기가 없어야 하므로 오이의 경우 물기를 꽉 짜야 한다. 밥에 배합초를 섞는 대신 우엉 조린 양념이 남아 있을 때 밥을 넣어 살짝 볶아 더 맛있다.

칼로리 down
김밥을 쌀 때 밥 양을 줄이고 채소 양을 늘리거나 올리브유 사용량을 줄이면 칼로리를 줄일 수 있다. 김밥은 압축된 상태이므로 부피감에 비해 칼로리가 높다. 김 대신 삶은 양배추를 사용하면 포만감으로 양을 줄일 수 있다.

헬스 up
우엉에 들어 있는 이눌린은 신장기능을 향상시키는 역할을 해 부종 예방에 좋다. 하지만 비타민은 부족한 편이어서 우엉을 먹을 때 오이나 당근 같은 채소와 같이 먹는 것이 좋다.

쇠고기콩카레 도시락

콩밥을 지으며 남긴 콩을 카레에 넣으면 맛과 영양 모두 높일 수 있어요.
카레와 밥과 오이무침이 서로 섞이지 않도록 별도로 담아야 더 신선하고 맛있게 즐길 수 있어요.

1인분 349.3kcal

도시락

현미콩밥 1인분 167.8kcal

만드는 법은 193쪽 참조.

쇠고기콩카레 1인분 160kcal

재료(2인분)
쇠고기 등심 50g, 불린 메주콩 30g, 당근 40g, 양파 20g, 카레가루 30g, 멸치다시마육수 2컵

1. **쇠고기와 채소 준비하기**
쇠고기는 한입에 먹기 좋은 크기로 자르고 당근과 양파도 비슷한 크기로 자른다.

2. **끓이기**
냄비에 육수를 담고 쇠고기와 메주콩을 넣어 한소끔 끓이다가 당근과 양파, 카레가루를 넣어 재료가 어우러지도록 뭉근히 끓인다.

오이무침 1인분 21.5kcal

재료(2인분)
오이 100g, 양파 30g
양념 멸치액젓 ½작은술, 참기름 ½작은술, 다진 마늘 ½작은술, 깨소금 ½작은술, 소금 약간

1. **오이 준비하기**
오이는 껍질째 깨끗하게 씻어 연필 깎듯이 돌려가며 썬다. 소금을 약간 뿌려 절인 후 물기를 쫙 뺀다.

2. **양파 자르기**
양파도 오이와 비슷한 크기로 자른다.

3. **버무리기**
넓은 그릇에 분량의 양념을 담고 오이와 양파를 넣어 가볍게 버무린다.

맛 up

카레는 밥을 먹기 직전에 섞어야 맛있다. 밥은 국물에 섞이지 않도록 조심하고, 오이는 따뜻한 밥과 카레 때문에 미지근해지지 않도록 별도로 담으면 좋다.

칼로리 down

카레에 쇠고기나 콩의 양을 줄이고 당근이나 양파의 양을 늘리면 칼로리를 줄일 수 있다. 오이무침 역시 참기름 양을 줄이고 참깨와 섞어 쓰면 칼로리를 줄일 수 있다.

헬스 up

콩에 들어 있는 이소플라본은 여성호르몬과 비슷한 작용을 하여 월경불순을 예방하고 나쁜 콜레스테롤 수치를 줄여주기 때문에 콜레스테롤이 많은 쇠고기와 함께 먹으면 도움이 된다.

연어샌드위치와 두유

단품으로 간편하게 먹을 수 있는 샌드위치 도시락이에요.
샌드위치를 쌀 때는 흰 식빵보다 잡곡이 섞인 빵이 영양적으로 좋아요.

1인분 357.5kcal

두유 1인분 112kcal

재료(2인분)
두유 380g(시판용 2팩 분량)

연어샌드위치 1인분 245.5kcal

재료(2인분)
훈제연어 100g, 오이 70g, 토마토 80g, 양파 30g, 케이퍼 1작은술, 머스터드소스 ½큰술, 호밀빵 100g

1. **연어 준비하기**
   연어는 종이타월 위에 올려 기름기를 뺀다.
2. **채소 준비하기**
   오이는 어슷하게, 토마토와 양파는 반달 모양으로 얄팍하게 저며 썰어 종이타월 위에 올려 물기를 뺀다.
3. **호밀빵 굽기**
   호밀빵은 달군 팬에 앞뒤로 살짝 구워 물기를 날린다.
4. **샌드위치 모양 만들기**
   머스터드소스를 빵에 바르고 연어와 오이, 토마토, 양파, 케이퍼를 넣고 빵 한 장을 얹어 가볍게 누른 후 유산지나 비닐랩으로 싼다.

 도시락

맛 up
두유는 단맛이 적은 것으로 준비해 빵에 곁들이면 더 담백하다. 집에서 만들 경우 삶은 콩에 통깨를 섞어 곱게 갈면 된다.

칼로리 down
호밀빵을 최대한 납작하게 썰면 양을 줄일 수 있어서 칼로리 절약이 가능하다. 훈제연어에도 단백질이 풍부하기 때문에 두유 대신 토마토생과일주스나 오렌지주스로 대체해도 영양의 부족 없이 칼로리를 줄일 수 있다.

헬스 up
양파는 잘게 다지지 말고 세로로 썰면 세포 파괴를 막아 혈당과 지방을 줄여주는 유화프로필 성분이 보호된다. 매운맛을 없애기 위해 물에 오래 담그면 효과가 떨어지므로 주의한다.

버섯오픈샌드위치와 카프레제

햇살 좋은 날! 예쁜 바구니에 버섯구이샌드위치와 카프레제를 담은 도시락을 준비해 나들이를 떠나보세요.
먹지 않고 보기만 해도 영화 속의 나들이처럼 우아한 기분이 들 거예요.

1인분 317kcal

도시락

버섯오픈샌드위치 1인분 161kcal

재료(2인분)
새송이버섯 50g, 느타리버섯 50g, 가지 50g, 슬라이스 치즈 40g(2장 분량), 피클 20g, 발사믹식초 1큰술, 호밀빵 2장(50g)

1. **버섯 굽기**
   버섯은 굵직하게 채썰고 가지는 어슷하게 저며 썬다. 그런 후 달군 팬에 기름 없이 물을 약간 넣어 타지 않도록 굽는다.
2. **호밀빵 굽기**
   호밀빵 위에 슬라이스 치즈를 얹어 달군 팬에 놓고 살짝 굽는다.
3. **재료 얹기**
   구운 빵 위에 버섯과 가지를 얹고 발사믹식초를 뿌린다.

카프레제 1인분 156kcal

재료(2인분)
토마토 100g, 생모차렐라치즈 80g, 발사믹 식초 1큰술, 다진 호두 10g

1. **토마토 자르기**
   토마토는 너무 크지 않은 것으로 준비해 꼭지를 자르고 먹기 좋은 크기의 네모모양으로 자른다.
2. **치즈 자르기**
   생모차렐라치즈도 토마토와 비슷한 크기로 자른다.
3. **버무리기**
   발사믹식초에 다진 호두를 넣어 가볍게 버무린 후 토마토와 치즈에 붓고 고루 섞는다.

맛 up
야외 테이블에 앉아 와인 한 잔 곁들일 수 있다면 금상첨화! 오픈 샌드위치를 쌀 때는 속이 흐트러지지 않도록 비닐랩으로 잘 싸는 것이 중요하다.

칼로리 down
생모차렐라치즈의 칼로리가 높기 때문에 두부를 구워서 섞어 사용하면 칼로리를 줄일 수 있다. 버섯구이샌드위치에서도 슬라이스 치즈를 생략하면 칼로리를 절약할 수 있다.

헬스 up
다이어트 중에는 호밀빵을 선택하는 것이 좋은데 호밀빵은 현미처럼 혈당지수가 낮아 복부지방을 줄이는 데 도움이 된다. 하얀색의 식빵이나 바게트는 혈당지수가 아주 높기 때문에 선택하지 않도록 한다.

호밀빵과 브로콜리샐러드

브로콜리에는 비타민 C가 듬뿍 들어 있어 다이어트로 지친 피부에 활력을 줄 수 있어요.
시판용 샐러드 드레싱은 칼로리가 높기 때문에 집에서 만들어 먹는 것이 더 좋아요.

1인분 265.5kcal

도시락

호밀빵 1인분 132.5kcal

재료(2인분)
호밀빵 100g

호밀빵은 얇게 슬라이스한다.

브로콜리샐러드 1인분 48.5kcal

재료(2인분)
브로콜리 100g, 양파 20g, 시판 참깨드레싱 1큰술, 소금 약간

1 **브로콜리 데치기**
브로콜리는 작은 송이로 잘라 끓는 물에 소금을 약간 넣고 파르스름하게 데친 후 건져 찬물에 헹군다.

2 **양파 다지기**
양파는 손질해 굵직하게 다진다.

3 **그릇에 담기**
브로콜리와 양파를 그릇에 담고 드레싱을 넣어 가볍게 버무린다.

삶은 달걀 1인분 84.5kcal

재료(2인분)
달걀 100g(2개), 깨소금 1작은술

1 **달걀 삶기**
달걀은 완숙으로 푹 삶아 찬물에 헹궈 껍질을 벗긴 후 반으로 자른다.

2 **맛 내기**
자른 면 위에 깨소금을 뿌려 고소한 맛을 더한다.

맛 up
호밀빵 대신 잡곡으로 만든 다른 빵으로 대신 해도 된다. 삶은 달걀은 깨소금만 뿌려도 고소한 맛을 즐길 수 있다.

칼로리 down
시판되는 드레싱보다 직접 만들어 먹는 드레싱이 일반적으로 칼로리가 적으므로 되도록 직접 만들어 먹는 편이 좋다. 또 샌드위치를 만들 때 호밀빵을 얇게 썰면 샐러드의 양을 늘려도 칼로리 절약 효과를 볼 수 있다.

헬스 up
브로콜리는 비타민 C가 양배추의 4배 가까이 들어 있어 다이어트로 피곤하고 피부 탄력이 떨어질 때 도움이 된다. 또 DNA 합성이 필요한 엽산이 많이 들어 있어 성장기나 수유기 중 다이어트를 할 때 먹으면 좋다. 영양 손실을 줄이기 위해 약한 소금물에 단시간 데친다.

찐고구마 도시락

고구마는 먹으면 속이 든든해지기 때문에 식사 대용으로 좋아요.
식사 후 상큼한 자몽으로 입가심하면 입안이 상쾌해질 거예요.

1인분 299kcal

자몽 1인분 60kcal

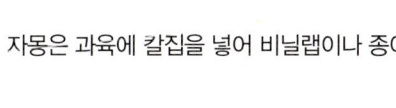

자몽은 과육에 칼집을 넣어 비닐랩이나 종이로 싸 담는다.

재료(2인분)
자몽 1개 400g

도시락

찐고구마 1인분 96kcal

1 **고구마 찌기**
고구마는 껍질째 씻어 반으로 잘라 한 김 오른 찜통에 찐다.

2 **그릇에 담기**
찐 고구마는 한 김 식혀 껍질째 그릇에 담는다.

재료(2인분)
고구마 150g

견과류요구르트 1인분 143kcal

1 **견과류 다지기**
호두와 아몬드, 피스타치오는 알맹이만 준비해 달군 팬에 살짝 볶듯이 구워 식힌 후 굵직하게 다진다.

2 **섞기**
플레인요구르트에 호두와 아몬드, 피스타치오를 넣어 고루 섞는다.

재료(2인분)
플레인요구르트 100g, 호두 10g,
아몬드 10g, 피스타치오 10g

맛 up
요구르트는 고구마 위에 뿌려도 좋고 시리얼과 함께 먹어도 맛있다. 단맛이 없는 대신 견과류의 고소한 맛을 더할 수 있다.

칼로리 down
견과류의 양을 줄이면 칼로리가 크게 절약된다. 또 플레인요구르트는 떠 먹는 호상보다 마시는 액상요구르트를 선택한다.

헬스 up
고구마는 감자에 비해 칼로리가 높지만 혈당지수가 낮기 때문에 당뇨가 많은 한국인들에게 적합한 식품이다. 고구마를 찔 때 나오는 끈적거리는 액체는 배변을 촉진하고 장내 유해물질을 제거하는 효과가 높아 껍질째 먹도록 한다.

단호박매시 도시락

일을 하거나 책을 보면서 먹기 좋은 간단 도시락이에요. 하지만 영양은 듬뿍 들었답니다.
칼로리가 걱정되면 꿀 대신 올리고당을 사용해도 좋아요.

1인분 326.5kcal

도시락

오렌지 `1인분 80kcal`

재료(2인분)
오렌지 2개 400g

단호박매시 `1인분 112kcal`

재료(2인분)
단호박 200g, 꿀 1큰술, 호박씨 20g

1. **단호박 찌기**
   단호박은 속을 정리하고 먹기 좋은 크기로 잘라 한 김 오른 찜통에 넣어 푹 무르도록 찐다.
2. **호박씨 다지기**
   호박씨는 굵직하게 다진다.
3. **버무리기**
   넓은 그릇에 익힌 단호박과 꿀, 호박씨를 넣어 고루 버무린다.

호두오븐구이 `1인분 134.5kcal`

재료(2인분)
호두 40g, 올리고당 ½큰술

1. **호두 준비하기**
   호두는 먹기 좋은 크기로 잘라 올리고당을 뿌려 단맛을 약간 더한다.
2. **굽기**
   오븐용 팬에 담아 180℃로 예열한 오븐에서 5분 정도 굽는다. 오븐토스터를 이용해도 된다.

맛 up
호두는 오븐에 구우면 고소한 맛이 더욱 진해진다. 단맛이 꺼려지면 올리고당을 뿌리지 않고 구워도 좋다.

칼로리 down
단호박매시는 단맛이 충분히 나기 때문에 꿀 대신 올리고당을 조금 넣어서 버무려도 칼로리를 줄일 수 있다.

헬스 up
호박은 익을수록 당분이 늘어나 칼로리가 높아지지만 영양적 효율성도 높아지기 때문에 애호박만 선호할 필요는 없다. 특히 호박씨에는 치매 예방에 좋은 레시틴이 풍부해 같이 먹는 것이 좋다.

닭고기겨자무침과 삶은감자

감자는 저칼로리 음식이지만 혈당지수가 높기 때문에 사과와 같은 신 과일과 같이 먹어야 좋아요.
감자 껍질에는 무기질과 비타민이 많으니 껍질째 요리해요.

1인분 232.5kcal

도시락

사과 １인분 73.5kcal

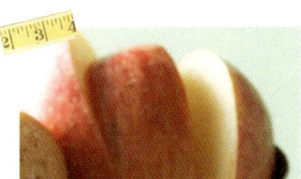

사과는 잘 씻어 껍질째 먹기 좋은 크기로 썬다.

재료(2인분)
사과 1개 300g

닭고기겨자무침 １인분 118kcal

1. **닭가슴살 삶기**
닭가슴살은 끓는 물에 소금을 약간 넣어 푹 무르도록 삶아 건진 후 결대로 가늘게 찢는다.

2. **양파 볶기**
양파는 굵직하게 채썰어 달군 팬에 살짝 볶는다.

3. **무치기**
닭가슴살에 양파를 넣고 겨자와 참기름, 소금, 후춧가루를 넣어 가볍게 무친다.

재료(2인분)
닭가슴살 150g, 양파 20g, 겨자 5g, 참기름 1작은술, 소금·후춧가루 약간씩

삶은감자 １인분 41kcal

1. **감자 썰기**
감자는 껍질째 씻어 큼직하고 네모지게 썬다. 알감자를 이용할 경우 통째로 씻어 삶는다.

2. **감자 삶기**
끓는 물에 삶거나 한 김 오른 찜통에 쪄 식힌 후 껍질째 도시락에 담는다.

재료(2인분)
감자 150g, 소금 약간

맛 up
감자의 껍질은 씹는 질감이 부드럽지 않아 벗겨내고 먹는 경우가 많은데 삶은 감자도 껍질째 먹는 습관을 기르다 보면 영양을 더 보충할 수 있어 좋다.

칼로리 down
닭고기겨자무침을 할 때 참기름 대신 참깨를 넣으면 칼로리를 줄일 수 있다. 닭고기 양을 줄이고 대신 채소 양을 늘려도 칼로리를 줄일 수 있다.

헬스 up
감자는 저칼로리 식품이지만 혈당지수가 높기 때문에 혈당지수가 낮은 사과와 같은 신 과일과 함께 먹는 것이 좋다. 감자는 마그네슘이 풍부하기 때문에 칼슘이 많고 혈당지수가 낮은 우유나 요구르트와 같이 먹으면 영양균형을 맞출 수 있다.

곤약말이와 메추리알꼬치

빵을 도시락에 쌀 때면 먹기 좋은 크기로 잘라 담아요.
검은깨식빵 대신 다른 빵으로 대체해도 좋지만 꼭 잡곡이 섞인 빵으로 준비하세요.

1인분 277kcal

검은깨식빵 1인분 138.5kcal

재료(2인분)
검은깨식빵 2장 100g

도시락

곤약말이 1인분 52kcal

재료(2인분)
곤약 200g, 오이 100g, 다시마 30g, 소금 약간
마늘드레싱 다진 마늘 2작은술, 참기름 1작은술, 멸치다시마육수 2큰술, 올리고당 1작은술, 소금 약간

1. **곤약과 다시마 자르기**
곤약은 나무젓가락 굵기에 3~4cm 길이로 자른다. 다시마도 비슷한 길이로 자른다.
2. **오이 절이기**
오이는 껍질째 씻어 길이로 길쭉하게 포를 뜨듯 필러로 저민 후 소금을 약간 뿌려 나른하게 절인다.
3. **돌돌 말기**
오이에 곤약과 다시마를 얹어 돌돌 만다.
4. **드레싱 만들기**
준비한 드레싱 재료를 고루 섞어 작은 그릇에 따로 담아 곁들인다.

메추리알꼬치 1인분 86.5kcal

재료(2인분)
메추리알 100g, 멸치다시마육수 ⅓컵, 진간장 ½작은술

1. **메추리알 삶기**
메추리알은 완숙으로 삶아 껍질을 벗긴다.
2. **꼬치에 꿰기**
꼬치에 꿴 후 진간장을 넣은 육수에 넣어 한소끔 끓인다.

맛 up
메추리알은 삶아 간장을 넣은 육수에 다시 한 번 삶으면 은은한 향과 간이 배어 먹기에 좋다.

칼로리 down
곤약의 포만감이 크기 때문에 빵의 양을 줄일 수 있어 칼로리를 줄이는 효과를 볼 수 있다.

헬스 up
메추리알의 높은 콜레스테롤은 곤약의 식이섬유가 잘 흡수해서 장 밖으로 배출하는 역할을 한다. 메추리알 조리 시 간장을 저염으로 바꾸어도 나트륨 섭취량을 줄일 수 있다.

시나몬사과구이와 토마토수프

사과는 구우면 향과 단맛이 더 강해져 맛있어요.
제철 지난 사과는 단맛과 향이 약해지는데 시나몬파우더와 흑설탕을 뿌려 구우면
향과 단맛이 더 강해지지요.

1인분 256.3kcal

도시락

바게트 1인분 73.3kcal

재료(2인분)
바게트 슬라이스 2장 50g

시나몬사과구이 1인분 111.5kcal

재료(2인분)
사과 150g, 흑설탕 20g, 시나몬가루 10g, 올리브유 1작은술

1 사과 썰기
사과는 껍질째 씻어 반달 모양으로 도톰하게 저며 썬다.

2 굽기
달군 팬에 올리브유를 두르고 사과를 빙 둘러가며 놓은 후 흑설탕과 시나몬가루를 뿌려 약한 불에서 은은하게 굽는다.

토마토수프 1인분 71.5kcal

재료(2인분)
토마토 100g, 칵테일새우 30g, 양파 20g, 마늘 15g(5쪽), 닭가슴살 50g, 멸치다시마육수 1½컵, 소금·후춧가루, 마른 바질가루 약간씩

1 재료 준비하기
토마토는 껍질을 벗겨 굵직하게 다지고, 양파는 채썰고, 마늘은 도톰하게 저민다.

2 끓이기
닭가슴살은 한입 먹기 좋은 크기로 자른 후 육수에 넣어 한소끔 끓이다가 토마토와 새우, 양파, 마늘 등을 넣고 5분 정도 더 끓인다.

3 간 맞추기
소금과 후춧가루, 바질가루로 간을 맞춘다.

맛 up

토마토수프는 차게 식어도 맛있는데 따뜻한 수프를 원한다면 보온병에 담는다. 사과에 시나몬가루를 뿌려 구우면 향이 더해져 맛이 더 좋아지고, 제철이 지난 사과를 이용해 만들어도 사과에 향과 단맛이 더해져 맛있게 즐길 수 있다.

칼로리 down

시나몬은 단맛을 강하게 하는 성질이 있기 때문에 흑설탕의 양을 줄여도 된다. 흑설탕과 올리고당을 섞어서 사용해도 칼로리를 줄일 수 있다.

헬스 up

액체식 수프의 부족한 포만감을 껍질째 조리한 사과의 식이섬유를 통해 해결할 수 있고, 토마토에는 비타민이 많아 지쳤을 때 먹으면 좋다.

참치두부스테이크

혈당지수가 높은 식빵과 혈당지수가 낮은 시금치, 두부 등을 함께 준비해 영양균형을 잘 맞춘 도시락이에요.
시금치는 주로 나물로 무쳐 먹지만 생으로 샐러드를 만들어 먹어도 신선하고 맛있어요.

1인분 448kcal

도시락

잡곡식빵 1인분 124.5kcal

재료(2인분)
잡곡식빵 2장 90g

참치두부스테이크 1인분 247kcal

재료(2인분)
참치통조림 100g, 두부 100g, 달걀 50g, 다진 파 10g, 다진 양파 10g, 검은깨 1작은술, 소금·후춧가루 약간씩, 올리브유 2작은술

1 참치와 두부 으깨기
참치통조림은 체에 밭쳐 기름기를 빼고 두부와 섞어 곱게 으깬다.

2 양념 섞어 모양 말기
참치와 두부 섞은 것에 다진 파와 달걀, 다진 양파, 검은깨 등을 넣어 고루 섞은 후 소금과 후춧가루로 간을 맞춰 손바닥 반만 한 크기로 동그랗게 만든다.

3 굽기
달군 팬에 올리브유를 두르고 모양낸 참치두부를 넣어 중불에서 앞뒤로 뒤집어가며 굽는다.

시금치샐러드 1인분 76.5kcal

재료(2인분)
시금치 100g, 캐슈너트 20g, 양파 20g, 발사믹식초 1큰술

1 재료 준비하기
시금치는 어리고 야들한 잎으로 준비해 한 잎씩 떼어 씻어 물기를 뺀다. 캐슈너트는 굵직하게 다지고 양파는 채썬다.

2 도시락에 담기
도시락에 시금치를 담고 캐슈너트와 양파채를 곁들인다. 발사믹식초는 작은 그릇에 따로 담는다.

맛 up
시금치는 생으로 씻어 샐러드로 먹어도 맛있다. 발사믹식초 대신 간장드레싱을 만들어 곁들여도 좋다.

칼로리 down
참치통조림을 거즈로 싸서 기름기를 빼거나 시판되고 있는 라이트 상품을 사용하면 칼로리를 줄일 수 있다. 또한 참치나 두부 양을 조절하면 칼로리를 추가로 줄일 수 있다.

헬스 up
식빵은 혈당지수가 매우 높은 식품으로 복부지방 합성률을 증가시킬 수 있다. 두부나 양파 같은 혈당지수가 낮은 식품과 같이 먹으면 효과적이다. 같이 먹는 시금치샐러드 역시 혈당지수가 매우 낮다.

양배추양파팬케이크 도시락

쇠고기와 같이 콜레스테롤이 많이 함유된 음식은
콜레스테롤을 줄여주는 포도나 양파, 양배추와 같은 음식과 함께 먹어야 좋아요.
도시락을 쌀 땐 항상 영양의 균형을 맞추는 습관을 들이세요.

1인분 391.5kcal

도시락

포도 1인분 48kcal

재료(2인분)
포도 160g(큰 알 10~12개 분량)

양배추양파팬케이크 1인분 142kcal

재료(2인분)
양배추 100g, 양파 50g, 녹말가루 10g, 달걀 50g, 물 5큰술, 소금·후춧가루 약간씩, 올리브유 1큰술

1. **반죽하기**
   양배추와 양파는 손질해 굵직하게 채썰고 녹말가루와 달걀, 물, 소금, 후춧가루를 넣고 섞는다.
2. **굽기**
   지름이 작은 팬에 올리브유를 약간 두르고 반죽을 넣어 얄팍하게 펼쳐 앞뒤로 뒤집어가며 굽는다.

맛 up
팬케이크는 너무 두꺼우면 눅진한 맛이 돌 수 있으므로 얄팍하게 만들어 바삭하게 굽는다.

칼로리 down
쇠고기완자를 만들 때 쇠고기 양을 줄이고 두부를 추가하거나 빵가루나 토마토케첩의 분량을 조절하면 칼로리를 줄일 수 있다. 토마토케첩 역시 저칼로리용 제품을 사용하면 도움이 된다.

쇠고기완자 1인분 203.5kcal

재료(2인분)
쇠고기 등심 100g, 다진 양파 20g, 맛술 1작은술, 달걀노른자 1개, 소금·후춧가루 약간씩, 빵가루 5큰술, 토마토케첩 1큰술

1. **쇠고기 다지기**
   쇠고기는 등심 부위로만 준비해 곱게 다진다.
2. **양념 넣어 반죽하기**
   다진 쇠고기에 양파와 맛술, 달걀노른자, 소금, 후춧가루를 넣고 고루 섞어 양념한 후 빵가루를 넣어 여러 번 치대면서 차지게 반죽한다.
3. **모양 만들기**
   양념한 쇠고기를 손바닥보다 작은 크기로 동그랗게 만들어 200℃로 예열한 오븐에서 15분 정도 굽는다.

헬스 up
쇠고기와 달걀노른자의 높은 콜레스테롤을 양파와 양배추가 흡착하는 역할을 해서 영양균형을 맞출 수 있다. 후식으로 포도를 먹을 때는 콜레스테롤을 줄여주고 항산화 기능이 있는 안토시아닌 성분이 풍부한 포도씨도 같이 먹는 습관을 들이자.

Chapter 3
살 빠지는 상차림 전략 & 일주일 식단

저칼로리 식품, 저칼로리 요리법을 이용했다면 알맞게 잘 차려 먹는 법도 알아야 해요.
우리나라는 단품만으로 구성된 식사가 아니라 밥과 반찬으로 이루어진 상차림이기 때문에
아무 생각 없이 먹다가는 다이어트 도중 낭패보기 쉽지요.
적당한 칼로리를 취하면서 부족한 영양을
적절히 보충하는 상차림 방법은 요리를 하는 것만큼이나 중요해요.
나의 체형에 알맞은 살 빠지는 상차림 전략을 찾아보세요.

살 빠지는 상차림 전략 1

고도비만을 위한
초저열량 상차림

감량 목표가 20kg 이상인 고도비만일 경우 밥 양을 줄이고
초저열량 칼로리 식단으로 2주 동안 먹고 비만용 상차림으로 up하세요.
단, 요요현상이 많은 경우라면 이 상차림은 피하세요.

월요일 아침

일러두기
다이어트 식단에서 밥 1인분은 일반 식단의 ⅔공기에 해당됩니다.

고도비만용 상차림, 이것만은 꼭 지켜요!

- 800~900kcal의 상차림을 유지한다.
- 밥 양은 아침, 점심, 저녁 모두 ⅔인분인 반 공기 정도만 먹는다.
- 간식은 오전, 오후 중 한 번만 먹는다. 초저열량 칼로리인 토마토셀러리주스, 자몽올리고당주스, 블루베리요구르트, 아이스티 등을 선택한다.
- 콜레스테롤과 포화지방산이 많은 육류는 제외하고 해산물과 두부로 단백질을 대체한다.
- 탄수화물중독증을 높이는 빵은 절대 금지한다.
- 곤약, 묵, 해조류 등 식이섬유가 들어 있어 포만감을 주는 저칼로리 메뉴 중심으로 식단을 구성한다.
- 비타민과 무기질이 풍부한 채소, 나물 중심의 반찬을 먹는다.
- 찌개나 국은 하루 한 끼만 넣고, 저녁에 먹는다면 찌개 대신 국을 선택한다.
- **주의**
처음 2주는 이 상차림을 수행한 후 비만용 상차림으로 칼로리 업한다.
장기간에 걸친 초저열량 칼로리 다이어트는 근육 손실 위험을 높일 수 있으므로 주의한다.

고도비만을 위한 운동 전략

- 지나친 과체중으로 인해 운동 의욕이 적은 상태이므로 움직임 자체가 습관이 되도록 노력한다.
- 근육과 관절에 무리가 가지 않도록 조금씩 자주 움직인다. 예를 들어 하루 10분씩 3번 걷기 운동 등을 한다.
- 운동 외에 일상 속 활동량을 늘리는 것이 매우 중요하다. 자는 시간 외에는 눕지 않고, 식사 후 산책이나 설거지하기 등은 쉽게 실천할 수 있는 방법이다.
- 주 3~4회 하루 총 30~40분 정도 운동한다. 10분씩 나눠서 해도 좋다.
- **권장 운동**
가볍게 걷기, 자전거 타기(과부하 없음), 수영, 아쿠아로빅, 스트레칭, 하체근력 운동을 통해 걷기 효율을 증가시킨다.
- **피해야 할 운동**
줄넘기, 에어로빅, 스쿼시, 테니스, 러닝 등 하체관절에 무리를 주는 운동은 상해 위험이 높다.

	아침		오전 간식		점심		오후 간식		저녁		총칼로리
월요일	현미잡곡밥 부추된장무침 미역연두부무침 양송이마늘꼬치구이 멸치된장볶음	109.4 14 20 73.5 61.5	블루베리 요구르트 셰이크	39.5	발아현미밥 연근구이 배추김치 가지두부찜	127.9 33.5 17.4 43.5			닭가슴살양배추롤 청포묵냉국	318 22.5	880.7
칼로리	278.4		39.5		222.3				340.5		
화요일	현미무밥 호박된장찌개 오이실채나물 두부김치구이 연근구이	131.2 55 12 79.5 33.5	자몽올리고당 주스	46.5	비빔메밀국수 미역오이샐러드	246 25.5			현미콩밥 대구살팬구이 배추김치 부추된장무침	110.7 98 17.4 14	869.3
칼로리	311.2		46.5		271.5				240.1		
수요일	발아현미밥 청포묵참치날소보로 콩나물무침 우엉채볶음 감자채브로콜리팬구이	127.9 74.5 21 34.5 37			현미잡곡밥 도토리묵무침 호박나물 멸치된장볶음	109.4 54.5 25.5 61.5	블루베리 요구르트 셰이크	39.5	날치알돌솥밥 배추김치 두부팟국	266.5 17.4 58.5	927.7
칼로리	294.9				250.9		39.5		342.4		
목요일	현미무밥 데친양배추무침 데친버섯과마늘소스 미나리관자무침 근대된장국	131.2 30.5 49 45 27.5			도시락 피망두부채움구이 무생채 현미잡곡밥	63.5 19<>165.8	토마토 셀러리주스	15.5	현미콩밥 배추김치 녹차다시마달걀찜 실곤약부추간장비빔	110.7 17.4 103.3 50.5	828.9
칼로리	283.2				248.3		15.5		281.9		
금요일	현미잡곡밥 무해파리샐러드 부추된장무침 가지두부찜	109.4 74 14 43.5			미역오이샐러드 오징어양배추덮밥 청포묵냉국	25.5 296 22.5	자몽올리고당 주스	46.5	발아현미밥 훈제연어무쌈 호박나물 연근구이	127.9 159 25.5 33.5	977.3
칼로리	240.9				344		46.5		345.9		
토요일	현미무밥 우엉채볶음 달걀국 배추김치 문어오이초회	131.2 34.5 54 17.4 90	아이스티	6.5	미역잡곡밥 우엉채볶음 두부김치구이	285 34.5 79.5			현미잡곡밥 양송이마늘꼬치구이 청국장우거지무침 곤약레몬간장조림	109.4 73.5 13.5 42.5	971.5
칼로리	327.1		6.5		399				238.9		
일요일	발아현미밥 배추김치 오징어미역무침 시금치바지락국	127.9 17.4 92.5 67.5			도시락 현미취나물쌈밥 달걀감자샐러드	244.5 84.5	토마토 셀러리주스	15.5	양념참치채소비빔밥 청국장우거지무침	336 13.5	999.3
칼로리	305.3				329		15.5		349.5		

살 빠지는 상차림 전략 2

비만 단계를 위한
요요현상 없는 상차림

만약 10~20kg을 감량하고 싶다면 이 상차림 전략이 효과적이에요.
또 감량 목표가 20kg이지만 요요현상이 많다면 꼭 필요한 상차림이에요.

월요일 점심

비만 단계의 상차림, 이것만은 꼭 지켜요!

- 1200kcal를 유지한다.
- 밥 양은 아침엔 1인분인 $\frac{2}{3}$공기, 점심 및 저녁엔 반 공기 정도만 먹는다.
- 간식은 오전, 오후 모두 가능하다. 혈당지수가 낮은 저칼로리 과일(사과, 키위, 자몽)이나 토마토, 찐고구마 $\frac{1}{2}$, 저지방우유, 블루베리요구르트 등을 먹는다.
- 돼지고기를 제외한 쇠고기, 닭고기, 해산물, 두부 등으로 단백질을 섭취한다.
- 빵은 주 1회만 먹는다.
- 주로 식이섬유가 많은 곤약, 묵, 해조류로 식단을 구성한다.
- 비타민과 무기질이 풍부한 채소, 나물 반찬을 많이 차린다.
- 찌개나 국은 하루 한 끼만 먹는다. 저녁 식단의 찌개는 청국장만 가능하다.
- 골다공증 예방을 위한 멸치된장볶음을 매일 먹는다.
- **주의**
이 상차림은 12주 정도 실시 가능하다. 12주 이후엔 과체중용 상차림으로 칼로리 업한다.

비만을 위한 운동 전략

- 중·저강도 운동은 문제없지만 고강도 운동은 무리이다. 근육과 관절에 무리가 가지 않도록 장시간 동안 운동하지 않는다. 한 번에 한 시간 이상 운동하지 않는다.
- 운동 외에 일상 속 활동량을 늘리는 것이 중요하다. 자는 시간 외에는 눕지 않고, 식사 후엔 산책이나 설거지를 한다.
- 주 5회 하루 총 40분~1시간 정도 운동한다. 20분씩 나눠서 해도 좋다.
- **권장 운동**
가볍게 걷기부터 속보(시속 5km 이상)까지 가능하다. 과부하를 주는 자전거 타기나 수영, 아쿠아로빅, 가벼운 스트레칭부터 중간 난이도 요가까지 가능하다.
- **피해야 할 운동**
줄넘기, 에어로빅, 스쿼시, 테니스, 러닝 등은 관절에 무리가 가고 상해 위험이 높다.

	아침		오전 간식		점심		오후 간식		저녁		총칼로리
월요일	발아현미밥 시금치바지락국 문어오이초회 멸치된장볶음 배추김치	193.8 67.5 90 61.5 17.4	사과 ½개 (119g)	54	비빔메밀국수 오이실채나물 미나리관자무침 곤약레몬간장조림	246 12 45 42.5	저지방우유 1팩(200ml)	102	현미잡곡밥 ⅔ 청국장우거지무침 모둠채소잡채 새우깨소스샐러드	109.4 13.5 100 75	1229.6
칼로리	430.2		54		345.5		102		297.9		
화요일	현미팥밥 도토리묵무침 우엉채볶음 콩나물무침 청포묵참치살소보로	163 54.5 34.5 21 74.5	감자채 브로콜리 팬구이	37	발아현미밥 ⅔ 해물찌개 멸치된장볶음 데친양배추무침	127.9 184.5 61.5 30.5	방울토마토 200g	32	현미콩밥 ⅔ 양배추새우샐러드 실곤약부추간장비빔	110.7 273.5 50.5	1255.6
칼로리	347.5		37		404.4		32		434.7		
수요일	현미잡곡밥 데친버섯과마늘소스 오이실채나물 미니파프리카카나페 배추김치	165.8 49 12 98 17.4	키위 1개 (100g)	46	오징어양배추덮밥 무채국 멸치된장볶음 미역오이샐러드	296 24 61.5 25.5	블루베리 요구르트 셰이크	39.5	발아현미밥 ⅔ 도토리묵무침 연어레몬구이 부추된장무침	127.9 54.5 207.5 14	1238.6
칼로리	342.2		46		407		39.5		403.9		
목요일	현미무밥 호박나물 가지두부찜 오징어미역무침 멸치된장볶음	198.8 25.5 43.5 92.5 61.5	사과 ½개 (119g)	54	도시락 연어샌드위치 두유	245.5 112	찐고구마 ½개 (70g)	87.5	발아현미밥 ⅔ 조갯살청국장찌개 감자양파닭고기샐러드 콩나물무침	127.9 87 98.5 21	1255.2
칼로리	421.8		54		357.5		87.5		334.4		
금요일	현미팥밥 ⅔ 두부김치구이 모둠채소잡채 멸치된장볶음 우엉채볶음	107.6 79.5 100 61.5 34.5	아이스티	6.5	봉골레쌀국수스파게티 미역오이샐러드	330.5 25.5	블루베리 요구르트 셰이크	39.5	현미잡곡밥 ⅔ 쇠고기샤브샤브 콩나물무침	109.4 315 21	1230.5
칼로리	383.1		6.5		356		39.5		445.4		
토요일	현미잡곡밥 가지두부찜 연근구이 오징어미역무침 부추된장무침	165.8 43.5 33.5 92.5 14	찐고구마 ½개 (70g)	87.5	날치알돌솥밥 근대된장국 무해파리샐러드	266.5 27.5 74	방울토마토 200g	32	현미콩밥 ⅔ 훈제연어무쌈 멸치된장볶음 미나리관자무침	110.7 159 61.5 45	1213
칼로리	349.3		87.5		368		32		376.2		
일요일	현미잡곡밥 오이실채나물 마파두부 얼갈이배추된장국	165.8 12 225.8 17.5	자몽 ½개 (200g)	60	도시락 미역고추장회 표고버섯구이 팥밥	17.5 34.5 163	저지방우유 1팩(200ml)	102	현미콩밥 ⅔ 녹차다시마달걀찜 부추된장무침 호박나물 멸치된장볶음	110.7 156.5 14 25.5 61.5	1166.3
칼로리	421.1		60		215		102		368.2		

살 빠지는 상차림 전략 3

과체중 단계를 위한
날씬한 상차림

감량 목표가 10kg 이하인 경우에 따라 하세요.
다이어트 후 요요현상이 걱정될 경우에 꼭 필요한 상차림 전략입니다.

수요일 저녁

과체중 단계의 상차림, 이것만은 꼭 지켜요!

- 1400kcal를 유지한다.
- 밥 양은 아침과 점심은 1인분인 ⅔공기, 저녁은 반 공기 정도 먹는다.
- 간식은 오전, 오후 모두 가능하다. 혈당지수가 낮은 저칼로리 과일(사과, 자몽), 찐고구마 또는 고구마 요구르트범벅 ½분량, 유제품(요구르트, 우유), 삶은 달걀 등을 먹는다.
- 돼지고기를 포함한 모든 육류를 사용해도 좋다.
- 빵은 주 2회 가능하다.
- 다양한 반찬으로 균형식을 구성하고 비타민과 무기질이 풍부한 채소, 나물 반찬을 많이 이용한다.
- 찌개나 국은 하루 한 끼만 넣고, 저녁 식단의 찌개는 청국장만 구성한다
- **주의**

성장기 청소년 또는 활동량이 많은 남성의 경우 8주까지만 실시한다.

과체중을 위한 운동 전략

- 저·중강도는 물론 고강도 운동까지 가능하다. 단 고강도 운동 시 한 번에 30분을 넘지 않도록 한다.
- 운동중독 및 관절 부상 방지를 위해 한 번에 한 시간 반 이상 운동하지 않는다. 자는 시간 외에 눕지 않기, 식사 후 산책이나 설거지하기 등 일상 속에서 활동량을 늘린다.
- 주 5회 하루 총 1시간~1시간 반 정도 운동한다. 30분씩 나눠서 해도 된다.
- **권장 운동**

속보, 자전거(과부하 가능), 수영을 기본으로 구성한다.
스트레칭에서 고난이도 요가까지 가능하다.
줄넘기, 에어로빅, 스쿼시, 테니스, 러닝 등은 주 2~3회만 한다.

- **피해야 할 운동**

없다. 단 상체비만, 하체비만, 저근육형비만을 위한 운동 전략을 참고하면 좋다.

	아침		오전 간식		점심		오후 간식		저녁		총칼로리
월요일	현미잡곡밥 호박된장찌개 대구살팬구이 연근구이 배추김치	165.8 55 148.5 33.5 17.4	고구마 요구르트범벅 ½	93.8	양념참치채소비빔밥 우엉채볶음 오징어미역무침	336 34.5 92.5	삶은 달걀 1개	75	발아현미밥 ⅔ 연어레몬구이 무해파리샐러드 배추김치	127.9 207.5 74 17.4	1478.8
칼로리	420.2		93.8		463		75		426.8		
화요일	현미무밥 양송이마늘꼬치구이 모듬채소잡채 멸치된장볶음 배추김치	198.8 73.5 100 61.5 17.4	찐고구마 ½개(70g) 토마토 셀러리주스	87.5 15.5	비빔메밀국수 미나리관자무침 미역오이샐러드 데친버섯과마늘소스	246 45 25.5 49	저지방우유 1팩(200ml)	102	발아현미밥 ⅔ 청국장찌개 돼지고기미역쌈 콩나물무침	127.9 35.5 265 21	1471.1
칼로리	451.2		103		365.5		102		449.4		
수요일	현미팥밥 해물찌개 우엉채볶음 멸치된장볶음 모듬채소잡채	163 184.5 34.5 61.5 100	고구마 요구르트범벅 ½	93.8	도시락 바게트빵 시나몬사과구이 토마토수프	73.3 111.5 71.5	삶은 달걀 2개	150	현미콩밥 ⅔ 삼치탕수 오이실채나물 무해파리샐러드	110.7 229.5 12 74	1469.8
칼로리	543.5		93.8		256.3		150		426.2		
목요일	현미잡곡밥 대구무맑은탕 두부김치구이 멸치된장볶음	165.8 147.5 79.5 61.5	자몽 ½개 (200g)	60	발아현미밥 스위트 된장소스 돼지고기 수육 문어오이초회 호박나물	193.8 255.5 90 25.5	블루베리 요구르트 셰이크	39.5	날치알돌솥밥 미역오이샐러드 미나리관자무침 가지두부찜	266.5 25.5 45 43.5	1499.1
칼로리	454.3		60		564.8		39.5		380.5		
금요일	현미무밥 감자채브로콜리팬구이 녹차다시마달걀찜 멸치된장볶음 청국장우거지무침	198.8 37 156.5 61.5 13.5	찐고구마 ½개 (70g)	87.5	떡국떡간장떡볶이 두부팟국 오이실채나물 오징어미역무침	181.5 58.5 12 92.5	삶은 달걀 1개	75	현미콩밥 ⅔ 참치다다키 콩나물무침 배추김치	110.7 317.5 21 17.4	1440.9
칼로리	467.3		87.5		344.5		75		466.6		
토요일	현미잡곡밥 표고버섯들깨볶음 멸치된장볶음 배추김치 도토리묵무침	165.8 121 61.5 17.4 54.5	사과 ½개 (119g)	54	호두멸치주먹밥 북어콩나물국 호박나물 미나리관자무침	397 77 25.5 45	블루베리 요구르트 셰이크	39.5	콩스테이크 토마토셀러리주스	379 15.5	1452.7
칼로리	420.2		54		544.5		39.5		394.5		
일요일	현미무밥 대구살팬구이 배추김치 연근구이 데친버섯과마늘소스	198.8 148.5 17.4 33.5 49	고구마 요구르트범벅 ½	93.8	도시락 버섯오픈샌드위치 카프레제	161 156	저지방우유 1팩(200ml)	102	현미콩밥 ⅔ 조갯살청국장찌개 삶은달걀치즈구이 무해파리샐러드	110.7 87 223 74	1454.7
칼로리	447.2		93.8		317		102		494.7		

살 빠지는 상차림 전략 4

상체비만형을 위한
상체 군살 빼는 상차림

복부, 등, 어깨 등 상체에 군살이 많은 경우에 필요한 상차림이에요.
주로 남성이 많으며 여성의 경우 중년기부터 많이 나타납니다.

목요일 아침

상체비만을 위한 상차림, 이것만은 꼭 지켜요!

- 1200kcal를 유지한다.
- 밥 양은 아침에는 1인분인 ⅔공기, 저녁은 반 공기 정도 먹는다. 점심은 도시락 3번 정도 가능하다.
- 간식은 오전, 오후 모두 가능하다. 오전에 장청소에 효과적인 고구마를 먹었다면 오후에는 토마토, 사과, 자몽 등의 혈당지수가 낮은 과일·채소, 오전에 과일·채소를 먹었다면 오후에는 유제품, 달걀이나 견과류를 먹는다.
- 육류는 포화지방산이 많은 돼지고기, 쇠고기는 피하고 닭고기를 섭취한다.
- 육류보다 해산물과 두부 중심으로 단백질을 섭취하는 것이 좋다.
- 빵은 주 2회 정도 가능하다.
- 찌개나 국은 하루 한 번만 먹는데 저녁은 되도록 피한다.
- 상체의 열을 내리는 녹두로 만든 청포묵을 이용한 요리나 묵, 곤약 등 식이섬유가 많아 포만감을 주는 요리를 많이 활용한다.
- **주의**
상체비만은 운동보다 규칙적인 저칼로리의 세 끼 식사 관리가 더 중요하다.

상체비만을 위한 운동 전략

- 저·중강도 운동을 꾸준히 지속하는 것이 좋다. 지방 연소 효율을 증가시키기 위해 한 번에 최소 20분 이상 지속한다.
- 운동 시 상체에 열이 많이 나기 때문에 반팔의 가벼운 면 운동복이 좋다. 열 발생이 안 되는 땀복은 착용하지 않는다.
- 가급적 누워 있거나 앉아 있는 시간을 줄인다.
- 주 3~5회 하루 총 1시간 정도 운동하는 것이 좋다. 한 번 할 때 최소 20분 이상 한다.
- **권장 운동**
속보, 스트레칭, 스포츠댄스 등이 좋다.
- **피해야 할 운동**
줄넘기, 에어로빅, 스쿼시 등은 상체 살을 빼는 데 좋지만 하체관절에 무리를 줄 수 있으므로 주의한다.

	아침		오전 간식		점심		오후 간식		저녁		총칼로리
월요일	현미콩밥 얼갈이배추된장국 청포묵참치살소보로 콩나물무침 멸치된장볶음	167.8 17.5 74.5 21 61.5	찐고구마 ½개(70g) 토마토셀러리 주스	87.5 15.5	부추쌀국수 배추김치 우엉채볶음	264 17.4 34.5	방울토마토 200g	32	현미팥밥 ⅔ 양배추새우샐러드 미나리관자무침 호박나물	107.6 273.5 45 25.5	1244.8
칼로리	342.3		103		315.9		32		451.6		
화요일	현미잡곡밥 어묵무탕 배추김치 미나리관자무침 연근구이	165.8 120 17.4 45 33.5	고구마 요구르트범벅 ½	93.8	미역잡곡밥 콩나물무침 얼갈이배추된장국 청포묵참치살소보로	285 21 17.5 74.5	방울토마토 200g	32	발아현미밥 ⅔ 대구살팬구이 데친양배추무침 청국장우거지무침	127.9 148.5 30.5 13.5	1225.9
칼로리	381.7		93.8		398		32		320.4		
수요일	현미잡곡밥 청포묵냉국 가지두부찜 문어오이초회 멸치된장볶음	165.8 22.5 43.5 90 61.5	고구마호두 아몬드팬구이 ½	132.5	도시락 달걀감자샐러드 현미취나물쌈밥	84.5 244.5	토마토 셀러리주스	15.5	발아현미밥 ⅔ 훈제연어무쌈 부추된장무침 데친버섯과마늘소스	127.9 159 14 49	1210.2
칼로리	383.3		132.5		329		15.5		349.9		
목요일	현미팥밥 연두부조개탕 두부김치구이 호박나물 연근구이	163 69 79.5 25.5 33.5	찐고구마 ½개 (70g)	87.5	오징어양배추덮밥 청포묵냉국 콩나물무침 무해파리샐러드	296 22.5 21 74	사과 ½개 (119g)	54	현미콩밥 ⅔ 대구살팬구이 청국장우거지무침 도토리묵무침	110.7 148.5 13.5 54.5	1252.7
칼로리	370.5		87.5		413.5		54		327.2		
금요일	발아현미밥 미역오이샐러드 해물찌개 오이실채나물 우엉채볶음	193.8 25.5 184.5 12 34.5	고구마 요구르트범벅 ½	93.8	비빔메밀국수 콩나물무침 데친양배추무침	246 21 30.5	자몽 올리고당주스	46.5	닭가슴살현미양배추롤 청포묵냉국 곤약레몬간장조림	318 22.5 42.5	1271.1
칼로리	450.3		93.8		297.5		46.5		383		
토요일	현미팥밥 모듬채소잡채 연근구이 멸치된장볶음 실곤약부추간장비빔	163 100 33.5 61.5 50.5	찐고구마 ½개 (70g)	87.5	도시락 참치두부스테이크 시금치샐러드 잡곡식빵	247 76.5 124.5	토마토 셀러리주스	15.5	현미콩밥 ⅔ 닭고기겨자무침 청포묵냉국 호박나물	110.7 118 22.5 25.5	1236.2
칼로리	408.5		87.5		448		15.5		276.7		
일요일	현미잡곡밥 청포묵참치살소보로 호박된장찌개 우엉채볶음 모듬채소잡채	165.8 74.5 55 34.5 100	고구마 요구르트범벅 ½	93.8	도시락 양상추낫토쌈 닭가슴살꼬치 호박죽	61.2 99 66.5	자몽 올리고당주스	46.5	현미콩밥 ⅔ 연어레몬구이 멸치된장볶음 청국장우거지무침 미나리관자무침	110.7 207.5 61.5 13.5 45	1235
칼로리	429.8		93.8		226.7		46.5		438.2		

살 빠지는 상차림 전략 5

하체비만형을 위한
부종 막는 상차림

엉덩이, 허벅지, 종아리에 군살이 많은 경우에 필요한 상차림 전략이에요. 하체의 혈액순환과 림프순환 장애로 정체되면 부종형비만으로 악화되므로 미리미리 예방하세요!

금요일 점심(도시락)

하체비만을 위한 상차림, 이것만은 꼭 지켜요!

- 1300kcal를 유지한다.
- 밥 양은 아침은 1인분인 ⅔공기, 저녁은 반 공기 정도 먹는다. 점심에는 도시락을 4번 정도 구성한다.
- 간식은 오전, 오후 모두 가능하다. 칼륨이 많아 나트륨 배설에 효과적인 고구마, 바나나, 키위, 포도 등이 좋다. 특히 포도, 바나나는 혈당지수가 낮지 않지만 칼륨이 많아 하체비만에 효과적이다.
- 찌개나 국은 거의 금지한다. 싱겁게 먹어야 한다.
- 육류는 모두 가능하다.
- 혈액순환에 좋은 미역, 다시마 같은 해초류를 자주 활용한다. 빵은 금지한다.
- 탈수현상을 촉진시키는 카페인은 금지한다.
- 나트륨이 많은 문어, 오징어, 해파리, 훈제연어, 참치캔 등의 사용을 줄이고, 찬 성질이 있는 청포묵도 먹지 않는다.
- **주의**
하체비만은 식사량을 많이 줄이는 것보다 음식 종류에 주의하는 것이 필요하다. 싱겁게 먹고 찬 성질이 있는 음식을 피한다.

하체비만을 위한 운동 전략

- 저·중강도 운동을 한다. 고강도 운동은 하체에 피로물질이 많이 쌓이므로 삼간다.
- 되도록 하체 순환을 강화시키는 운동으로 하체를 따뜻하게 한다. 짧은 반바지보다 긴 면바지를 입고 운동한다.
- 주 1~2회 하체 마사지와 발을 따뜻하게 하는 족욕이 효과적이다.
- 주 5회 40분~1시간 정도 운동한다. 한 번 할 때 최소 10분 이상 한다.
- **권장 운동**
속보, 요가, 필라테스, 수영처럼 하체에 과부하를 주지 않는 운동이 좋다.
- **피해야 할 운동**
줄넘기, 에어로빅, 인라인스케이트, 스쿼시, 테니스, 계단 오르기 등 하체에 과부하가 많은 운동은 피한다.

	아침		오전 간식		점심		오후 간식		저녁		총칼로리
월요일	발아현미밥 멸치된장볶음 가지두부찜 모둠채소잡채	193.8 61.5 43.5 100	고구마 요구르트 범벅 1/2	93.8	미역잡곡밥 연근구이 부추된장무침 양송이마늘꼬치구이	285 33.5 14 73.5	포도 1/2송이 (126g)	60	현미팥밥 3/5 호박나물 돼지고기미역쌈 청국장우거지무침	107.6 25.5 265 13.5	1370.2
칼로리	398.8		93.8		406		60		411.6		
화요일	현미잡곡밥 미역연두부무침 미니파프리카카나페 홍합미역국 미나리관자무침	165.8 20 98 44 45	키위 2개 (200g)	92	호두멸치주먹밥 미역오이샐러드 우엉채볶음 데친버섯과마늘소스	397 25.5 34.5 49	토마토 셀러리주스	15.5	현미팥밥 3/5 스위트된장소스 돼지고기수육 콩나물무침 미역연두부무침	107.6 255.5 21 20	1390.4
칼로리	372.8		92		506		15.5		404.1		
수요일	현미콩밥 미역오이샐러드 실곤약부추간장비빔 모둠채소잡채	167.8 25.5 50.5 100	고구마 요구르트범벅	187.5	도시락 피망두부채움구이 현미잡곡밥 무생채	63.5 165.8 19	저지방우유 1팩(200ml)	102	닭가슴살현미양배추롤 호박나물 연근구이	318 25.5 33.5	1258.6
칼로리	343.8		187.5		248.3		102		377		
목요일	현미팥밥 콩나물무침 감자양파닭고기샐러드 표고버섯들깨볶음	163 21 98.5 121	바나나 1개 (120g)	98	날치알돌솥밥 호박나물 우엉채볶음 홍합미역국	266.5 25.5 34.5 44	찐고구마 1/2개	87.5	현미콩밥 3/5 대구살팬구이 멸치된장볶음 오이미역샐러드	110.7 148.5 61.5 25.5	1305.7
칼로리	403.5		98		370.5		87.5		346.2		
금요일	발아현미밥 감자채브로콜리팬구이 표고버섯들깨볶음 연근구이	193.8 37 121 33.5	키위 1개 (100g)	46	도시락 양배추양파팬케이크 쇠고기완자 포도	142 203.5 48	고구마호두 아몬드팬구이 1/2	132.5	현미팥밥 3/5 연어레몬구이 우엉채볶음 콩나물무침	107.6 207.5 34.5 21	1327.9
칼로리	385.3		46		393.5		132.5		370.6		
토요일	현미무밥 호박나물 멸치된장볶음 녹차다시마달걀찜	198.8 25.5 61.5 156.5	고구마 요구르트범벅	187.5	도시락 달걀감자샐러드 현미취나물쌈밥	84.5 244.5	바나나 1개 (120g)	98	현미팥밥 3/5 미역연두부무침 감자양파닭고기샐러드 양송이마늘꼬치구이	107.6 20 98.5 73.5	1356.4
칼로리	442.3		187.5		329		98		299.6		
일요일	발아현미밥 가지두부찜 미나리관자무침 우엉채무침 호박나물	193.8 43.5 45 34.5 25.5	바나나 1개 (120g)	98	도시락 단호박매시 호두오븐구이 오렌지	112 134.5 80	찐고구마 1/2개 (70g)	87.5	현미팥밥 3/5 참치다타키 콩나물무침 미역오이샐러드	107.6 317.5 21 25.5	1325.9
칼로리	342.3		98		326.5		87.5		471.6		

살 빠지는 상차림 전략 6

저근육형비만을 위한
체지방 줄이는 상차림

몸무게에 비해 근육이 적어 체지방이 많이 나가는 경우 필요한 상차림 전략이에요. 기초대사량이 점점 떨어지는 중장년층에도 좋아요.

토요일 저녁

저근육형비만을 위한 상차림, 이것만은 꼭 지켜요!

- 1400kcal를 유지한다.
- 밥 양은 아침은 1인분인 ⅔공기, 저녁은 반 공기 정도가 적당하다. 점심에는 도시락을 3번 정도 구성한다. 밥은 아미노산이 풍부한 콩밥이나 발아현미밥 중심으로 구성한다.
- 간식은 오전, 오후 모두 가능하다. 우유와 요구르트 등의 유제품이나 삶은 달걀 등 효율적인 동물성 단백질을 중심으로 구성한다.
- 찌개나 국은 하루 한 번 정도만 먹고 저녁에는 되도록 피한다.
- 반찬으로 동물성단백질이 풍부한 닭고기, 육류 등이 좋다.
- 식물성단백질이 풍부한 두부도 자주 섭취한다.
- 빵은 주 1회만 먹는다.
- **주의**

저근육형비만은 칼로리를 지나치게 줄이게 되면 오히려 근육 손실이 이루어진다. 1200kcal 이하의 저칼로리 다이어트는 금지한다.

저근육형비만을 위한 운동 전략

- 기초체력이 떨어진 상태로 초기에는 저강도 운동으로 시작해서 중강도로 업한다. 고강도 운동은 10주 정도 트레이닝 후 실시한다.
- 피로 해소를 위한 수면이 중요하다. 특히 밤 12시 전에 취침하여 성장호르몬의 분비를 늘려 근육 합성률을 높인다.
- 주 5회 1시간~1시간 20분 정도 운동한다. 한 번에 최소 20분 이상 실시한다.
- 유산소운동과 근육운동을 병행하는 트레이닝이 가장 이상적이다. 속보 또는 자전거 20~30분 + 근육운동 30~40분이 좋다.
- **권장 운동**

속보, 근육운동, 자전거가 좋다. 과부하를 점점 늘인다.

- **피해야 할 운동**

러닝, 줄넘기, 스쿼시, 테니스 등 단시간 탈진되는 운동은 피한다.

	아침		오전 간식		점심		오후 간식		저녁		총칼로리
월요일	현미콩밥 우엉채볶음 두부김치구이 멸치된장볶음 미나리관자무침	167.8 34.5 79.5 61.5 45	저지방우유 1팩(200ml)	102	닭가슴살현미양배추롤 무채국 청국장우거지무침 문어오이초회	318 24 13.5 90	삶은 달걀 2개	150	발아현미밥 & 연어레몬구이 부추된장무침 호박나물	127.9 207.5 14 25.5	1460.7
칼로리	388.3		102		445.5		150		374.9		
화요일	발아현미밥 연두부조개탕 연근구이 새우깨소스샐러드 배추김치	193.8 69 33.5 75 17.4	삶은 달걀 1개	75	양념참치채소비빔밥 두부팟국 콩나물무침 멸치된장볶음	336 58.5 21 61.5	블루베리 요구르트 셰이크	39.5	현미콩밥 & 스위트 된장소스 돼지고기수육 오징어미역무침 부추된장무침	110.7 255.5 92.5 14	1452.9
칼로리	388.7		75		477		39.5		472.7		
수요일	발아현미밥 대구살팬구이 시금치바지락국 배추김치 미역연두부무침	193.8 148.5 67.5 17.4 20	블루베리 요구르트 셰이크	39.5	도시락 양배추두부쌈 닭고기카레볶음밥	68.5 300	삶은 달걀 2개	150	현미콩밥 & 쇠고기샤브샤브 미역오이샐러드 오이실채나물	110.7 315 25.5 12	1468.4
칼로리	447.2		39.5		368.5		150		463.2		
목요일	현미콩밥 어묵무탕 양송이마늘꼬치구이 멸치된장볶음 배추김치	167.8 120 73.5 61.5 17.4	저지방우유 1팩(200ml)	102	발아현미밥 & 훈제연어무쌈 연근구이 부추된장무침	127.9 159 33.5 14	삶은 달걀 2개	150	콩스테이크 토마토셀러리주스	379 15.5	1421.1
칼로리	440.2		102		334.4		150		394.5		
금요일	발아현미밥 연어레몬구이 오이실채나물 우엉채볶음 배추김치	193.8 207.5 12 34.5 17.4	삶은 달걀 1개	75	도시락 참치두부스테이크 시금치샐러드 잡곡식빵 1장(45g)	247 76.5 124.5	블루베리 요구르트 셰이크	39.5	현미콩밥 & 삶은달걀치즈구이 미역오이샐러드 부추된장무침	110.7 223 25.5 14	1400.9
칼로리	465.2		75		448		39.5		373.2		
토요일	발아현미밥 마파두부 미나리관자무침 얼갈이배추된장국	193.8 225.8 45 17.5	블루베리 요구르트 셰이크	39.5	봉골레쌀국수스파게티 감자양파닭고기샐러드	330.5 98.5	삶은 달걀 1개	75	현미콩밥 & 삼치탕수 배추김치 콩나물무침	110.7 229.5 17.4 21	1404.2
칼로리	482.1		39.5		429		75		378.6		
일요일	발아현미밥 훈제연어무쌈 연근구이 근대된장국 배추김치	193.8 159 33.5 27.5 17.4	저지방우유 1팩(200ml)	102	도시락 청국장두부부침 쇠고기장조림 현미팥밥	85 126 163	삶은 달걀 2개	150	현미콩밥 & 대구살팬구이 미역연두부무침 청국장우거지무침	110.7 148.5 20 13.5	1349.9
칼로리	431.2		102		374		150		292.7		

찾아보기

ㄱ
가지두부찜 … 74
감식초 … 47
감자 … 29
감자양파닭고기샐러드 … 104
감자채브로콜리팬구이 … 64
견과류요구르트 … 234
계량법 … 58
고구마 … 14, 29
고구마요구르트범벅 … 122
고구마호두아몬드팬구이 … 144
고도비만을 위한 상차림 … 250
곤약레몬간장조림 … 76
곤약말이 … 240
과실류 … 36
과체중 단계를 위한 상차림 … 254
국수 … 27
군만두 … 24
귤 … 14
그램 … 59
근대된장국 … 198
기초대사량 … 53
길거리표 떡볶이 길거리표 토스트 … 23, 24

ㄴ
나쁜 음식 8가지 … 22
난류 … 39
날치알돌솥밥 … 156
내 몸에 맞는 칼로리 섭취량 … 53
녹차 … 12
녹차다시마달걀찜 … 130

ㄷ
다시마 … 12
다이어트 떡볶이 … 29
다이어트 중 하루 섭취량 54

다이어트를 위해 반드시 버려야 할 식습관 … 48
단호박매시 … 236
달걀 … 15
달걀감자샐러드 … 208
달걀국 … 200
닭가슴살 … 15
닭가슴살꼬치 … 218
닭가슴살현미양배추롤 … 166
닭고기겨자무침 … 238
닭고기카레볶음밥 … 210
대구무맑은탕 … 124
대구살팬구이 … 118
데친버섯과마늘소스 72
데친양배추무침 … 191
도토리묵무침 … 92
돼지고기미역쌈 … 150
된장 … 19
두부 … 11, 31
두부김치구이 94
두부팟국 … 199
땅콩 … 32
떡 … 28
떡국떡간장떡볶이 … 134

ㄹ
라면 … 23, 27

ㅁ
마늘 … 15
마파두부 … 154
매직푸드 7가지 … 10
메추리알꼬치 … 240
멸치된장볶음 … 184
모둠채소잡채 … 126
무 … 16
무생채 … 220
무채국 … 197

무해파리샐러드 108
문어오이초회 … 98
미나리관자무침 … 70
미니파프리카카나페 … 88
미역 … 16
미역고추장회 … 212
미역연두부무침 … 190
미역오이샐러드 … 68
미역잡곡밥 … 138

ㅂ
발아현미 만드는 법 … 26
발아현미밥 … 196
밥 … 25
버섯 … 16
버섯류 … 35
버섯오픈샌드위치 … 230
봉골레쌀국수스파게티 … 178
부추된장무침 … 182
부추쌀국수 … 140
북어콩나물국 … 204
브로콜리 … 16
브로콜리샐러드 … 232
블루베리요구르트셰이크 … 80
비만 단계를 위한 상차림 … 252
비만 습관 체크 리스트 … 50
비만의 원인이 되는 부종 … 45
비빔메밀국수 … 142

ㅅ
사과샐러드 … 216
살찌는 음식만 선호 49
삶은 감자 … 238
삶은 달걀 … 232
삶은달걀치즈구이 … 146
삼치탕수 … 162
상체비만형을 위한 상차림 … 256

새우깨소스샐러드 … 112
새우마늘꼬치구이 … 224
쇠고기샤브샤브 … 172
쇠고기완자 … 246
쇠고기장조림 … 222
쇠고기콩카레 … 226
스위트된장소스돼지고기수육 … 158
시금치바지락국 … 201
시금치샐러드 … 244
시나몬사과구이 … 242
실곤약부추간장비빔 … 102

ㅇ
아몬드 … 32
아이스티 … 84
야식증후군 … 48
양념참치채소비빔밥 … 170
양배추 … 10
양배추두부쌈 … 210
양배추새우샐러드 … 148
양배추양파팬케이크 … 246
양상추낫토쌈 … 218
양송이마늘꼬치구이 … 90
양파 … 17
양파즉석피클 … 214
어묵무탕 … 120
어패류 … 40
얼갈이배추된장국 … 198
연근구이 … 188
연두부조개탕 … 110
연어 … 17
연어레몬구이 … 152
연어샌드위치 … 228
연어찌라시초밥 … 214
오이 … 18
오이무침 … 226
오이실채나물 … 186
오징어 … 18
오징어구이 … 216
오징어미역무침 … 106
오징어양배추덮밥 … 160
올리고당 … 44
요구르트 … 18

우동 … 23
우엉채볶음 … 189
우유 … 18
유제품 … 42
유지류 … 43
육류 … 37

ㅈ
자몽올리고당주스 … 82
작은술 … 58
저근육형비만을 위한 상차림 … 260
저염간장 … 46
저염된장 … 46
저염소금 … 46
조갯살청국장찌개 … 96
조미료 … 44
찐고구마 … 234
찐만두 … 24

ㅊ
착한 식품 20가지 … 14
참치 … 13
참치다다키 … 176
참치두부스테이크 … 244
채소김밥 … 224
채소류 … 33
청국장 … 19
청국장두부무침 … 222
청국장우거지무침 … 185
청국장찌개 … 203
청포묵냉국 … 66
청포묵참치살소보로 … 100

ㅋ
카프레제 … 230
칼로리표 : 간식 … 56
칼로리표 : 단백질이 많은 식품 … 57
칼로리표 : 음료수 … 56
칼로리표 : 지방질 많은 식품 … 57
칼로리표 : 탄수화물 식품 … 55
컵 … 59
콜라 … 22
콩 … 20, 31

콩나물무침 … 187
콩스테이크 … 168
크루아상 … 22
크림치즈 바른 베이글 … 22
큰술 … 58

ㅌ
탄수화물중독증 … 27
토마토 … 10
토마토셀러리주스 … 78
토마토수프 … 242

ㅍ
팥 … 31
편의점 어묵 … 23
폭식 … 49
표고버섯구이 … 212
표고버섯들깨볶음 … 128
피망 … 20
피망두부채움구이 … 220

ㅎ
하체비만형을 위한 상차림 … 258
해물찌개 … 132
해조류 … 41
햄버거 … 22
현미 … 11
현미무밥 … 194
현미잡곡밥 … 192
현미취나물쌈밥 … 208
현미콩밥 … 193
현미팥밥 … 195
혈당지수 … 230
호두 … 21, 32
호두멸치주먹밥 … 174
호두오븐구이 … 236
호박 … 19
호박나물 … 183
호박된장찌개 … 205
호박죽 … 218
홍합미역국 … 202
훈제연어무쌈 … 116

34kg을 감량한 이경영의
기적의 다이어트 밥상

초판 1쇄 발행 2010년 9월 8일
초판 49쇄 발행 2016년 8월 1일

글 이경영
요리 최승주
사진 김현희
발행 조선매거진(주)
발행인 이창의
편집인 우태영
기획편집 김화(출판1팀장), 김민정, 박영빈
마케팅 방경록(부장), 최종현, 박경민
디자인 ALL Design group
교정·교열 최미숙
출력 다넷미디어

편집 문의 724-6726~9
구입 문의 724-6794, 6797
등록 제2-3910호
등록일자 2004년 1월 7일
주소 서울시 마포구 상암산로 34 디지털큐브빌딩 13층 (03909)
값 13,000원

ISBN 978-89-93968-27-9 13590

- 이 책은 조선매거진(주)가 저작권자와의 계약에 따라 발행하였습니다.
  저작권법에 의해 보호받는 저작물이므로 본사의 서면 허락 없이는 이 책의 내용을 어떠한 형태로도 이용할 수 없습니다.
- 저자와 협의하여 인지를 생략합니다.
- 조선앤북은 조선매거진(주)의 단행본 브랜드입니다.

> 삶을 아름답고 풍요롭게 만드는 도서를 출판하는 조선앤북에서는
> 예비 작가분들의 소중한 원고를 기다립니다.
> **블로그** blog.naver.com/chosunnbook
> **이메일** chosunnbook@naver.com